선물의
정치학

올바르게 보이는 확실한 방법

❹ 마키아벨리와 정치 토크

선물의
정치학

올바르게 보이는 확실한 방법

펴낸날 | 2019년 8월 15일

지은이 | 이남석

편집 | 김지환
표지 일러스트 | 이진우

펴낸곳 | 도서출판 평사리 Common Life Books
출판신고 | 제313-2004-172 (2004년 7월 1일)
주 소 | 고양시 덕양구 중앙로558번길 16-16 능곡종합프라자 710호
전 화 | 02-706-1970 팩 스 | 02-706-1971
전자우편 | commonlifebooks@gmail.com

이남석 ⓒ 2019
ISBN 979-11-6023- 252-3 (03340)
ISBN 979-11-6023- 249-3 (세트)

마키아벨리와 정치 토크 ④

올바르게 보이는 확실한 방법 ___ # 선물의
정치학

이남석 지음

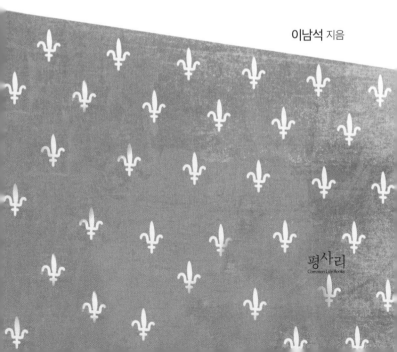

평사리
Common Life Books

일러두기 __ 이 책에서 마키아벨리가 지은 『군주론』의 구절을 인용할 경우, 저자가 번역하고 주해한 『군주론: 시민을 위한 정치를 말하다』(평사리, 2017)에서 뽑았고, ‘(『군주론』, 00쪽)’ 꼴로 줄여서 표기했다.

  이 글은 『군주론』이 다수의 독자가 아닌 단 한
명의 군주를 위한 책이었음을 이야기합니다. 헌정
하는 자와 헌정 받는 자, 책으로 취직하고 싶은 마
키아벨리와 생사여탈권을 쥔 군주 메디치 사이에
일촉즉발의 긴장이 발생합니다. 『군주론』 처음부
터 끝까지 손에 땀을 쥐게 하는 경주가 벌어집니
다. 마키아벨리는 군주가 듣기 좋은 겉말을 말합니
다. 하지만 그 속말은 곱씹어보면 군주에게 섬뜩한
비수입니다. 겉으로는 웃지만, 속으로는 칼을 들이
미는 꼴입니다.
  『군주론』의 처음부터 끝까지 마키아벨리의 주장

은 간단합니다. 군주는 신민에게 좋은 선물(좋은 정책)을 주어라(베풀어라), 그러면 신민은 군주에게 좋은 선물(정치적 지지)를 보낼 것이다. 예나 지금이나 좋은 통치자와 신민의 관계는 이 이상도 이 이하도 아닙니다. 통치자와 피치자가 선물만 잘 주고받는다면, 가장 살기 좋은 시대가 열립니다.

현실정치에서 선물을 잘 주고받기는 쉽지 않습니다. 군주는 마키아벨리의 단순한 말이 비수로 느끼게 됩니다. 『군주론』을 읽는 독자, 근대 이후 시민은 주권자로서 과거의 군주과 같습니다. 주권자인 나는 마키아벨리라는 위대한 학자에게 '나만을 위한' 멋진 책을 직접 헌정 받는 것과 마찬가지입니다. 그의 말이 비수로 다가올지, 아니면 따듯한 조언으로 다가올지는 독자인 나 자신에게 달려 있습니다.

이 글은 『군주론: 시민을 위한 정치를 말하다』와 2017년 여름 '책 읽는 사회 만들기 운동 본부'에서 행한 강의를 토대로 집필되었습니다. 저서는 마키아벨리의 이론을 다룬 반면, 강연은 다양한 사례와

비유를 들며 설득에 집중하였습니다. 양자의 화학적 결합의 산물인 이 글은 마키아벨리 이론의 대중적 소개라는 성격을 지닙니다.

마지막으로 이 글은 스마트폰 시대의 글쓰기와 읽기를 어떻게 할 것인가라는 고민의 산물입니다. 유튜브, 틱톡, 인스타그램 등 정보 전달의 영상매체로의 급격한 이동은 어떻게 쓰고 읽어야 할 것인가라는 질문을 던지고 있습니다. 이 글은 그 고민의 결과입니다. 영상정보 시대에 맞는 다양한 글쓰기와 읽기가 나오면 좋겠습니다.

2019년 8월

이남석

식은 땀나게
만든
질문

강의를 시작하겠습니다.

『군주론』은 한 번쯤 읽었거나, 읽지 않았어도 제목 정도는 다 들어보셨을 겁니다. 이 책은 대체로 100페이지 미만으로 굉장히 얇습니다. 주석을 달아서 아무리 길게 늘려보아도 200에서 300쪽을 넘지 않습니다. 300쪽을 넘는 경우는 거의 없습니다.

저는 『군주론: 시민을 위한 정치를 말하다』라는 제목으로 꽤 두껍게 썼습니다. '무슨 할 말이 그렇게 많아' 이렇게 말씀하실 분도 있겠습니다. 『논어 집주』, 『맹자 집주』 같은 책들이 있듯이, 이 책도 그런 책의 양식을 따라 원문을 신고, 중요 용어나 내용에 각주를 달고, 해설하는 방식으로 책을 구성했습니다. 그러다 보니 자연스레 양이 늘어났습니다.

일종의 『군주론 집주』라고 생각하셔도 됩니다.

집주를 따라 한 이유는 많은 사람이 보통 『군주

론』을 다 안다고 생각하지만, 실제로는 제대로 모른다고 생각했기 때문입니다. 가령 플라톤의『국가』를 비롯한 많은 저서를 읽지 않았으면서 다 안다고 착각합니다. 특히『군주론』은 양도 적고 내용도 쉬어 보이고, 워낙 대중적으로 많이 알려져 있고, 축약 발췌본도 워낙 많아 그런 경향이 심합니다.

읽지 않고도 많이 아는 걸
무독다식증無讀多識症이라고 부르고 싶습니다.

독서 무임승차(Free Rider) 현상은 인터넷의 보급이 방아쇠를 당겼고, 네이버 교수님이 악화시켰으며, 스마트폰이 치명상을 입힌 대표적 사례입니다. 저 역시『군주론』의 무임승차자 중 한 명이었습니다. 정치사상 수업에서 마키아벨리를 다루었습니다. 그때 한 학생이 질문을 던졌습니다.

"마키아벨리는『군주론』에서 좋은 군대가 좋은 법보다 낫다고 말했습니다. 무슨 의미인가요?"

강의 중에 얼굴이 새빨개지고
등에서 식은땀이 줄줄 흘렸습니다.

알지 못해 답변할 수 없는 질문, 생각지도 못한 질문, 자신의 약점을 정곡으로 찌르는 질문을 받아보신 분은 손들고 질문하는 것이 얼마나 무서운지 잘 압니다. 준비했던 강의 내용은 꼬이고 남은 시간이 어떻게 지나가는지 모릅니다. 무서운 질문은 강의자를 당황하게 합니다. 물론 청강자들은 강의자의 쩔쩔 매는 모습을 보고 은근히 즐깁니다.

그 강의가 끝난 후 1시간 반에서 2시간가량 걸려 집에 도착했습니다. 집에 오자마자 정신없이 책을 찾아봅니다. 찾아봤더니 그 말이 있었습니다. 한참 동안 앞과 뒤를 연결해서 읽어보고 생각해보니 그 학생의 질문은 아주 중요했습니다. 비수처럼 날카롭고 『군주론』 전체를 관통하는 핵심적인 질문이었습니다.

『군주론』을 잘 안다고 생각했습니다.

하지만 그 질문은 충격이었습니다. 곧 아는 건 무엇이고, 모르는 건 무엇인가라는 질문을 스스로 던졌습니다. 다시 『군주론』을 뒤적였습니다. 잘 모르는 내용에 밑줄을 그어보았더니 모르는 것이 태반이었고, 아는 것은 아주 조금이었습니다.

정치학의 고전이자 인간학의 고전인 『군주론』을 제대로 모르니까 아는 만큼 주석을 달고 거기에 내 생각을 덧붙이자. 이런 식으로 책을 쓰려고 하였습니다. 책이 두꺼워진 것에 대한 변명은 이것으로 충분하다고 생각합니다.

2013년에 이 책을 꼭 출판하고 싶었습니다.

그 이유는 2013년이 『군주론』이 출간된 지 500주년이 되는 해였기 때문입니다. 책은 2017년에 출간되었습니다. 개인 사정과 출판사 상황이 여의치 않아서입니다. 2017년에 출판했더니 묘하게 정치적으로 잘 맞아떨어져서 '무슨 문재인 찬가냐?' 이런 이야기도 나왔습니다. 그런 의도는 아니었다는 점을 말씀드립니다. 책이란 서로 다르게 읽을 수 있기 마련입니다.

말씀드렸던 것처럼『군주론: 시민을 위한 정치를 말하다』에는 원문, 각주, 해설이 있습니다. 해설은 '제가 이렇게 생각한다'입니다. 다른 말로 하면 원문과 각주를 읽고, '나는 집필자와 다르게 생각해'라고 혼잣말을 하며 글을 읽으시는 게 좋습니다. 해설에 해당하는 부분을 읽는 사람 따라 제각각 다르게 읽는 게 올바른 독서입니다. 저와 생각이 다르신 분도 많기 때문에, 당연히 다르게 읽어야 책을 읽는 재미가 있습니다. 그것을 전제로 다음과 같이 강의를 진행하겠습니다.

첫째, 긴장과 떨림으로 어떻게 군주론을 읽을 것인가.

둘째, 여운으로서 군주론을 어떻게 읽을 것인가.

셋째, 선물의 정치학을 다루겠습니다.

넷째, 『군주론』의 구조를 설명하겠습니다.

마지막으로 처음 출발점으로 되돌아와서 긴장과 떨림을 어떻게 해소할 수 있을가.

긴장과
떨림

긴장이란 떨림입니다.

긴장과 떨림으로 마키아벨리의 『군주론』을 어떻게 설명할 수 있을까요. 긴장은 활시위에 화살을 걸고 쭉 당겼을 때, 팽팽하게 흔들리는 상태와 같습니다. 고무줄을 양쪽에서 잡아당겼을 때, 미세한 떨림이 있습니다. 긴장은 떨림으로 표현되고, 힘과 힘이 대립할 때 발생합니다. 이것이 보통 우리가 이야기하는 긴장입니다.

어디에서부터 출발해야 할까요?

긴장과 떨림으로 마키아벨리의 『군주론』을 읽는다고 할 때, 출발점을 찾아야 합니다. 그 출발점은 『군주론』의 독자가 누구인지를 살펴보는 것입니다. 우리는 흔히 『군주론』이 다른 책과 마찬가지로 다수 독자를 위해서 쓰였다고 생각합니다. 그것은 오해입니다. 이 책은 다수의 독자를 위해서 쓰인 책이 아닙니다.

사실『군주론』은
단 한 명의 군주를 위해서 쓰인 책입니다.

아무리 생각해봐도 단 1인의 독자를 위한 책은
찾아내기 힘듭니다. 아마 거의 없다고 해도 과언이
아닙니다.『군주론』이 독자 1인을 위해서 쓰였다는
점은 다수 독자에게 읽히길 희망하는 다른 책들과
운명을 상당히 달리합니다.

제가 책을 쓰는데, 독자가 지금 여기 계신 여러
분들이 아니고 단 한 사람이라면 어떨까요? 오로
지 한 사람만 바라보고 그분에게 책을 드려야 되는
데, 그분이 내 책을 받아주면 좋겠는데 만약 안 받
으면 어떨까요? 여간 큰 문제가 아닙니다.

독자가 단 한 명일 때 더 큰 문제가 있습니다. 단
한 명의 독자가 책을 받아주기는 했는데, 읽지 않
으면 어떨까요? 또 읽었지만 책의 내용을 싫어하
면 어떨까요?

독자가 많다면, 이런 문제는 생기지 않습니다.

어떤 사람이 제 책을 사지 않고, 읽지 않고, 내용을 마음에 들어 하지 않고 비판해도 상관 없습니다. 다른 누군가는 이 책을 사고, 읽고, 맘에 들어 하고, 칭찬할 테니까요.

하지만 독자가 단 한 명이면, 무조건 그 사람 마음에 들어야 합니다. 그렇기 때문에 글을 써서 헌정하는 저자와 글을 받는 자, 이 두 사람 사이에는 처음부터 끝까지 긴장과 떨림이 있게 마련입니다.

『군주론』을 헌정하는 마키아벨리가 조금 세게 잡아당기면 헌정받은 메디치가가 '저놈 봐라' 하고 혼잣말하며 손가락질하는 순간 마키아벨리는 죽음의 문턱에 이릅니다. 마키아벨리는 역모죄로 옥살이를 한 적도 있기 때문입니다. 마키아벨리는 조심스럽게 글을 쓸 수밖에 없습니다.

이번에는 반대로 생각해보면 좋을 것 같습니다.

마키아벨리의 군주론을 헌정받은 로렌초 데 메디치(라파엘로 산치오, 1516~1519경)

마키아벨리는 관직을 얻고 싶어서『군주론』을 집필하고 헌정했습니다. 그런데 책을 받는 메디치가 원하는 대로만 글을 써준다면『군주론』이 무슨 의미가 있을까요? 마키아벨리가 별 고민하지 않고 '메디치어천가'를 바치면 어떨까요? 마키아벨리는 곧바로 취직했을 것입니다.

마키아벨리가 군주 찬양가를 집필했다고 한다면, "오, 메디치시여. 오, 대통령 누구누구시여" 한다면 이 책이 지금까지 남아 있었을까요? 만약 그랬다면 우리는 이 책을 읽을 필요도 없습니다.

사실 마키아벨리는 이중적인 짐을 지고 있습니다.

하나는 자기가 하고 싶은 말을 다해야 하고, 다른 하나는 군주의 눈치도 살펴야 합니다.

비판의 칼날과 감언이설의 아부. 쓰고 싶은 대로 다 표현하고 싶은 작가의 욕망과 군주의 눈 밖에 벗어나지 않기 위한 마음속 자기검열. 쓰고 싶은 대로 집필하면 군주의 명령에 의한 죽음이 기다리고, 쓰고 싶은 대로 표현하지 못하면 작가로서 생명의 죽음.

서로 대립하는 두 힘이 팽팽하게 맞서는 외줄 위에 한 발로 딱 서서 이 글을 읽어야 합니다.

헌정하는 자와 헌정 받는 자.

헌정 받는 자는 생사여탈권을 쥔 최고의 갑, 갑 중 갑입니다. 헌정하는 자는 말 그대로 을이고 약자이고 게다가 역모죄까지 지었던 사람입니다. 스스로 마키아벨리라고 생각하고 마키아벨리처럼 글을 쓴다고 생각해보시기 바랍니다.

서슬 퍼런 박정희 정권과 전두환 정권 시대에 국가보안법 위반으로 옥살이했던 사람이 대통령에게 직접 책을 써서 바친다고 생각해봅시다.

만약 반박정희, 반전두환 시위를 했던 사람이 두 당사자에게 헌정하는 책을 쓴다면 어떨까요? 무조건 비판만 하는 글을 쓰기는 쉽습니다. 반대로 마음이 바뀌어 무조건 찬양만 하는 글을 쓰기도 쉽습니다.

먹고살려고 취직도 해야 하지만, 최고 통치권자가 어떻게 행동해야 올바른지에 대한 정도도 밝혀야 하는 이중의 임무를 달성하는 글쓰기를 어떻게 해야 할까요? 굉장히 어렵습니다.

마키아벨리는 르네상스 시대의 최고의 문필가 중 한 명입니다.
마키아벨리는 먹고살려고 직업을 구해야 했습니다.

하지만 마키아벨리가 자신의 스타일을 구겨가면서까지 직업을 얻고 싶었는지는 잘 모르겠습니다. 하지만 확실한 것이 있습니다.『군주론』에는 군주가 들으면 섬뜩할 만한 내용이 빼곡하게 차 있습니다. 따라서 우리는『군주론』을 읽으면서 얼마나 미묘한 긴장이 있는지 한 번쯤 고민해야만 합니다.

마키아벨리는 한때 공무원이었습니다.

지금 식으로 따지만 직급이 낮다고 말하기도 하고 차관 정도 된다고 말하기도 합니다. 마키아벨리가 어느 정도의 직급에서 일했는지에 대해서는 오해가 상당히 많습니다.

중요한 것은 이것입니다. 그렇게 높은 직책이 아닌 자가 군주에 대해 말했다는 점입니다.

예컨대 9급 공무원이든, 2급 차관이든 간에 그가 군주(대통령 또는 수상)란 무엇인가, 어떻게 해야 군주 노릇을 잘하는가, 올바른 군주란 무엇인가 같은 질문을 군주에게 던졌다고 생각해보시기 바랍니다.

강연을 듣는 분들 중에 연세가 많으신 분들이 있습니다. 만약 부하 직원이나 나이 어린 사람이 여기에 강연을 듣는 분에게 올바른 사장이란 무엇인지, 올바른 선생님은 어떻게 행동해야 하는지 훈계한다고 생각보시기 바랍니다.

지적질이 정확할수록, 이야기가 옳을수록, "건방진 놈! 너 두고 보자." 이렇게 생각할 것입니다. 이건 당연합니다.

일개 이론가에 지나지 않는 사람이 그렇게 이야기할 때, 실제로 군주나 대통령 아니면 어떤 조직의 리더가 그런 이야기를 들으면, 당연히 나오는 말이 있습니다.

"네가 알긴 뭘 알아? 네가 경험해봤어? 그래, 경험 없는 책상물림들은 그렇게 말할 수 있지. 너가 내 입장이라면 절대 그렇게 말 못해." 이런 말이 당장 쏟아져 나옵니다.

이론과 현실, 이론과 실천 사이에는
커다란 긴장이 있기 마련입니다.

마키아벨리는 군주 이론가입니다. 메디치는 현실의 군주입니다. 이 둘 사이도 이처럼 미묘한 긴장이 있습니다.

『군주론』에는
무수히 많은 긴장과 떨림이 있습니다.

이 긴장과 떨림을 찾아 읽으면 좋습니다. 『군주론』은 이 긴장과 미묘한 떨림을 찾아내서 읽어야 합니다. 그렇지 않으면 『군주론』 읽기는 100퍼센트 실패합니다. 하지만 대부분 그런 고민을 하지 않을 뿐만 아니라 그런 독서도 하지 않습니다.

그러다 보니 마키아벨리의 『군주론』을 읽거나, 그 비슷한 이야기를 하면, '너 마키아벨리스트야!' 라는 말을 듣게 됩니다. 여기서 말하는 마키아벨리스트는 목적을 달성하려고 수단과 방법을 가리지 않는 냉혈한을 말합니다. 그런데 마키아벨리의 『군주론』의 의도는 사실 그렇지 않습니다.

굽시니스트와

당차니시스트

긴장과 떨림의 한 예를 들어보겠습니다. 『군주론』의 2장 63쪽에 이런 글이 있습니다.

〈세습통치자는 분노나 짜증을 불러오는 변화를 떠할 수 있다.〉

저는 기존 군주 가문의 통치에 익숙한 세습 국가들은 신흥 군주국들보다 어려움을 훨씬 덜 겪는다고 아뢰고자 합니다.

세습 군주국의 군주는 다만 선조의 관습들을 넘어서지만 않으면 됩니다. 관습들을 넘어서지만 않는다면, 세습 군주국의 군주는 어떤 사건이 발생하든지 처리할 시간이 있기 때문입니다. 따라서 세습 군주가 일상적인 주의만 기울인다면, 그는 언제든 자신의 지위를 유지할 수 있습니다. 단, 훨치 않은 터무니없는 일들 탓에 지위를 빼앗기는 경우는 예외입니다. 하지만 지위를 빼앗긴다 한지라도, 찬탈자가 불운을 겪게 된다면 그 군주는 언제든지 지위를 되찾게 됩니다. 이탈리아의 페라라 공작이 그 예입니다. 페라라 공작은 1484년 베네치아의 공격과 1510년 교황 율리우스의 공격을 물리쳤습니다. 그는 당지 왕국을 오래 통치했다는 이유로 그 공격들을 물리칠 수 있었습니다. 그 밖에 별다른 이유는 없습니다.

출생 덕분에 군주가 된 자는 신흥 통치자보다 악행을 벌일 만한 이유도 적고 악행을 자행할 필요도 없습니다. 따라서 세습 군주는 확실히 신흥 통치자보다 더 사랑받게 될 것입니다. 그리고 기존 군주가 지나친 악덕으로 증오를 사지 않는다면, 신민이 그를 원하는 것은 당연합니다. 그러한 군주국이 개국한 지 아주 오래 되었고 상당 기간 지속되어 왔다면, 급진적인 변동들과 그 변동들의 원인마저 망각되기 마련입니다. 왜냐하면 세습 군주가 조금이라도 변화를 준다면, 그 이후 여러 획기적인 변화가 나타나기 때문입니다.

긴장감은 『군주론』 읽기의 혁명을 가져옵니다.

특히 군주와 그 글을 바치는 사람의 긴장으로 읽었을 때 어떤 차이가 있나, 한 번 그 느낌을 확인해 보시기 바랍니다.

위의 글은 정말 밋밋하지만, 말씀드렸듯이 이 책은 다수의 독자가 아니라 메디치 한 사람을 위해 썼습니다. 따라서 메디치가 이 글을 읽고 어떻게 받아들이는지가 매우 중요합니다. 그런데 뭐 세속 군주? 군주 잘 유지할 수 있어, 어떤 경우? 그냥 커다란 악행만 하지 않으면 돼. 그리고 나라를 뺏겨도 언제든지 찾을 수 있어. 이웃 나라 페라라 공작을 보라고. 두 번의 공격을 다 물리쳐서 왕이 됐잖아. 이 정도 이야기입니다.

『군주론』은 왜 명작일까요?
왜 읽어야 할까요?

1장에서는 그냥 내가 지금부터 1장에서부터 11장까지 어떤 내용을 쓰겠다, 그냥 군주국의 종류만 나열합니다. 독자, 메디치에게는 2장이 마키아벨리가 자기한테 주는 첫 글과 다름이 없습니다.

따라서 '메디치는 2장을 읽고 어떤 느낌이 들었을까?' 이런 질문을 하지 않고 『군주론』을 읽으면 100퍼센트 실패입니다. 사실 마키아벨리는 여기에서 자기가 하고 싶은 이야기를 다 합니다. 이 책의 전체 주제를 다 이야기했습니다.

아마 "뭔 소리야?"라고
말씀하시는 분이 많으실 겁니다.

마키아벨리는 "세습 군주국의 군주는 다만 선조의 관습을 넘어서지만 않으면 나라를 잃지 않습니다"라고 이야기했습니다. 아주 평이한 말입니다. 하지만 메디치가 읽을 때 등에서 땀이 삐질삐질 납니다. 그 이유는 메디치 바로 윗 선조가 나라를 빼앗겼기 때문입니다. 그리고 이제야 겨우 되찾았습니다. 되찾은 지 이제 10년도 채 안 됩니다.

메디치 가문은 무엇을 잘못했을까요?

메디치 가문이 나라를 빼앗겼다고 한다면, 메디치 가문은 무엇인가 잘못했다는 것을 뜻합니다. 무엇을 잘못했는가? 악행을 저질렀다는 소리입니다.

어떤 악행일까요? 나중에 17장과 19장에서 이야기하는데 두 가지밖에 없습니다.

메디치 가문이 "신민의 재산을 빼앗지 마라, 부녀자를 건드리지 마라. 그 두 가지 악행을 저지르는 바람에 나라를 뺏앗겼다"라는 사실을 마키아벨리는 정면으로 공격한 것과 다름없습니다.

2장을 읽는 메디치는 어떤 느낌이 들었을까요? 이 글을 읽는 우리들이야 군주도 아니고 이 책을 헌정 받는 사람도 아니기 때문에, 별로 대수롭지 않게 여깁니다.

하지만 단 한 명의 유일 독자 메디치의 등에서는 식은땀이 흐릅니다.

'이놈 봐라? 이 자식이 나한테 비수를 겨눠? 너 죽고 싶어?' 이렇게 생각할 법합니다.

하지만 마키아벨리는 바로 그다음에 그런 왕이 누구인가 말하며, 페라라 공작을 예로 듭니다. "우리 옆에, 바로 옆의 나라가 그랬어요."

메디치는 한참 땀을 흘리다가 "아, 우리 가문과 우리나라 이야기가 아니구나. 아, 미안 책을 잘못 읽었어, 페라라. 그래 그 자식이 그랬지"라며 넘어갑니다.

마키아벨리는 사실 굉장히 서슬 퍼렇게 선 이야기를 이렇게 에둘러 이야기합니다.

"메디치 당신 집안과 우리나라 이야기가 아니라 옆의 집안 페라라 가문의 이야기입니다. 그러니 너무 노여워하지 말고 들어주시기 바랍니다. 또한 그런 나라는 뺏겼다고 해도 금방 찾습니다. 메디치 당신 가문이 바로 그런 가문입니다"라고 말입니다.

메디치는 또 안도합니다. 마키아벨리는 메디치가

"아, 우리나라를 되찾았지"라며 안도하게 합니다.

정말 놀랍지 않습니까?
하지만 더 놀라운 게 있습니다.

이 글에 보면 "페라라 공작이 1484년 베네치아 공격과 1510년 교황 율리우스의 공격을 막았습니다"라고 되어 있습니다. 마키아벨리가 그만 커다란 실수를 합니다. 첫 번째는 페라라 아버지가 한 것이고, 두 번째는 페라라 아들이 한 것입니다. 마키아벨리가 의도적으로 실수한 것인지, 몰라서 실수한 것인지 의문인 부분입니다.

마키아벨리처럼 역사에 정통한 사람이 이런 실수를 할 수 있을까? 이런 질문을 던져보시기 바랍니다. 이 실수를 우리에게 비유하면 이렇습니다. 이 실수는 1980년대 초중반에 대학을 다닌 사람이 4·19와 5·18을 혼동하는 것과 마찬가지입니다.

마키아벨리의 이 실수는 의도적입니다.

이때 상황을 정리하면 다음과 같습니다. 마키아벨리는 유일 독자 메디치에게 크게 한 방을 날립니다. "야, 메디치, 너 나라 뺏겼잖아, 누구한테? 사보나롤라한테." "성직자 사보나롤라한테, 프랑스의 지원을 받는 성직자한테 나라 뺏겼잖아. 너네 그 따위로 해서 나라 잘 지킬 수 있겠어?"

하지만 마키아벨리는 곧장 페라라와 관련된 실수를 합니다. 등골이 서늘했던 메디치는 이 실수에 어떻게 반응했을까요? "이런 실수를 해?" 하며 메디치는 키득하고 넘어갑니다.

마키아벨리는 굉장히 굽신거리면서 글을 쓰는 것 같지만, 굉장히 당당하고 당차게 자기주장을 펼칩니다.

이 책은 처음부터 끝까지
날이 선 말과 입에 발린 말이 동시에 교차합니다.

그러니까 독자가 보기에 어떻겠습니까? 이 글을 헌정받는 유일 독자는 메디치라는 점을 잊어서는 안 됩니다. 이놈이 나한테 어떤 말을 하나 보자. "네가 나한테 아부하면 일자리를 하나 줄 것이고, 아니면 너는 죽음이야"라고 하는 자세로 이 책을 읽지 않고 긴장감과 미묘한 떨림을 찾아내지 못하면 이 책을 제대로 읽어낼 수 없습니다.

　　『군주론』은 100페이지 정도의 짧은 책입니다.

　　그런데 색인을 보시면 아시겠지만, 나오는 사람이 몇백 명이 됩니다. 게다가 사건도 수십, 수백 개가 나옵니다. 마키아벨리는 자기가 쓰고 싶은 말을 서너 줄 안에 다 응축합니다. 한 단락 하나하나를 풀어서 설명하면 논문 한 편이 될 정도의 인물, 사건, 깊이가 있습니다.

　　니체는 격언식, 잠언식으로 글을 씁니다.
　　니체는 마키아벨리의 글쓰기를 무척 존중합니다.

니체는 마키아벨리가 자신처럼 짧은 글 안에 핵심을 담을 뿐만 아니라 깊은 사유까지 담았다고 생각하기 때문입니다. 마키아벨리는 자신이 하고 싶은 이야기를 짧은 문장 안에 에둘러서 모두 표현합니다. 그런 긴장감을 이해하고 이 책을 읽는 게 좋습니다.

여운으로서

『군주론』읽기

여운으로서『군주론』읽기입니다.

여운이란 무엇일까요? 영화가 끝나면 엔딩 자막이 흐릅니다. 엔딩자막이 흘러도 자리를 뜨지 않는 관객이 많다면 여운이 있는 영화입니다.

〈라라랜드〉같은 영화는 엔딩자막이 다 흐를 때까지 자리를 못 뜨는 관객이 많습니다. 그만큼 여운이 긴 영화입니다. 이것이 여운입니다.

진하고 긴 여운이 남는 영화처럼,『군주론: 시민을 위한 정치를 말하다』처럼 두꺼운 책을 다 읽고 난 다음에는 눈을 딱 감고 흐뭇한 웃음이 나옵니다. 그냥 가슴이 뿌듯해집니다. 왜일까요? 일단 두껍고 지겨운데, 다 읽은 자신이 대견하고 뿌듯한 겁니다. 뿌듯하면 여운이 있게 마련입니다.

음악회도, 뮤지컬도 보고 나면 박수소리가 점점 더 커지고 앙코르가 두 번, 세 번 나오면 여운이 굉장히 진해집니다. 마치 향이 진한 커피로 비유할 수도 있습니다.

여운은 내 돈보다 더 많은 것을 얻을 때 생겨납니다.

여운의 두 번째 조건입니다. 최소투자 최대효과에서 여운을 느끼는 것은 우리가 돈이라면 피도 눈물도 없는 자본주의적 인간이기 때문입니다. 8,000원에서 9,000원쯤 하는 영화를 조조할인 5,000원 내고 보았습니다. 그것도 별 기대도 하지 않고 보았는데, 그 영화가 값어치와 기대 이상이 되면 여운이 남게 마련입니다.

또 다른 여운은 인간미에서 나옵니다.

마키아벨리에게는 그다지 인간미가 있어 보이지 않습니다. 마키아벨리의 책에도 여운이 있는지 질문을 던져봅니다. 대부분 여운이 없다고 말합니다.

왜 그럴까요? '목적을 달성하려면 수단과 방법을 가리지 마라!'라고 말하는 책에서, 무슨 여운이 있는지 반문하실 겁니다.

피와 권력을 숨기는 책에서 어떤 인간미를 느낄 수 있겠습니까? 여운도 인간미도 당연히 느끼지 못하겠다고들 합니다.

여운이나 인간미의 대표적인 인물은 장발장입니다.

우리가 잘 아는 장발장은 『레 미제라블』에서 나옵니다. 아마 이 책을 처음부터 끝까지 읽으신 분은 거의 없을 듯합니다. 모두 5권인데, 프랑스 사회의 교과서라고 합니다. 물론 영화나 뮤지컬로 보고는 내용을 다 안다고 합니다. 무독다식증! 독서프리라이더는 여기에도 적용됩니다.

우리가 초등학교 때 읽었던 내용은 전체 책의 한

20분의 1이나 30분의 1에 지나지 않습니다. 대체로 장발장이 시장이 되면서 끝납니다. 빽빽한 글씨로 가득한 『레 미제라블』전 5권을 꼭 읽어보라고 권하고 싶습니다. 서너 번, 네댓 번 읽어도 읽을 때마다 무척 크고 진한 감동과 여운을 남겨주는 명작 중의 명작입니다.

장발장은 구수하면서도
찐한 커피 향을 풍기는 인간입니다.

장발장은 도둑놈입니다. 훔칩니다. 훔치는 데 무엇 때문에 훔칠까요? 자기 자식이 아니라 배고파 굶주리는 조카 때문입니다. 감옥에 가서 오랫동안 고생하다가 겨우 나옵니다. 나와서 두 번 나쁜 짓을 합니다.

장발장은 자신의 이익을 위한 죄, 원죄를 저질렀습니다. 길을 가다가 어떤 아이가 동전을 떨어뜨립니다. 장발장이 그 동전을 딱 밟고 안 줍니다. 또 잘 알 듯이 성당에서 은촛대까지 훔칩니다.

은촛대는 매우 중요합니다.

만약 은촛대를 훔치지 않았다면, 근대적인 영웅이 만들어질 수 없습니다. 왜 그럴까요? 자본이 있어야 돈을 벌기 때문입니다.

나중에 장발장은 이 은촛대를 판돈으로 사업을 해서 그 당시 기준으로 50만 프랑이라는 엄청난 돈을 벌고 성공해서 시장까지 됩니다.

장발장이 운영하는 공장은 원시공산주의적 방식으로 운영합니다. 교육도 시키고, 휴가도 주고 우리가 생각하는 초기 원시공산주의적 방식으로 운영합니다.

은촛대 훔치기, 사업해서 엄청난 돈을 번 장발장, 그리고 시장, 사실 여기서부터 장발장의 이야기가 본격적으로 시작됩니다.

『레 미제라블』의 삽화, 〈장발장과 미리엘 주교〉(프레더릭 릭스, 1879~1880)

장발장은 자기 공장에서 일하던
한 여성을 쫓아냅니다.

아버지가 없는 아들을 낳았다는 이유로 말입니다. 장발장이 직접 쫓아내지는 않았습니다. 그 여성과 같이 일하는 여성들이 그녀의 아름다움을 시기해 쫓아냅니다. 다른 여성들이 겉으로는 굉장히 도덕적인 것을 중시해서 쫓아내는데, 장발장은 아무것도 모른 채 거기에 일조하고 맙니다.

그 당시 50만 프랑은 엄청나게 많은 돈입니다. 게다가 장발장은 시장의 지위까지 오릅니다. 돈과 권력 그리고 권위, 이 삼박자를 다 갖췄으니 장발장은 마음만 먹으면 신분 세탁을 할 수 있습니다.
자신의 거무튀튀한 원죄, 도둑놈이란 딱지를 세탁기에 깨끗이 돌려 노랗고 빨갛고 파란 원색으로 바꾸는 것이 가능합니다.

지옥까지라도 쫓아올 듯한 사무적이고 기계적

이며 가난한 자와 죄인에게 야차 같은 자베르 경감
은 장발장을 끝까지 쫓아갑니다.

자베르는 대표적인 경찰행정 기계입니다.
그에게는 슬픔도, 기쁨도 없습니다.

그에게는 오직 국가를 위한 임무 완성의 의무
만 있습니다. 그는 거의 질식시킬 듯한 추적을 마
다하지 않는 기계의 하나입니다. 장발장은 원하면
언제든지 신분 세탁이 가능합니다.

장발장은 신분 세탁을 하지 못합니다.
아니 안 합니다.

장발장은 항상 양심과 이익의 딜레마에 빠집니다.

한번은 포슐르방이라는 마차를 모는 사람이 마
차에 깔립니다. 마차의 무게는 사람의 목숨을 앗아
갈 만큼 어마어마하게 무겁습니다. 그 마차를 들고

사람을 구할 수 있는 자는 타고난 힘을 지닌 장발 장뿐입니다.

마부는 거대한 권력을 쥔 시장이자 엄청난 자본을 가진 사장님이자 시민들에게 존경받는 장발장에게 하찮은 벌레만도 못할 수 있습니다. 마차에 깔린 마부를 구하지 않아도 누구 하나 장발장을 탓하지 않을 것입니다.

이때 장발장은 고민합니다. 자신이 죄수임을 의심하는 경찰 기계 자베르가 그 장면을 지켜보기 때문입니다.

장발장이 마차를 들고 마부를 구하는 것은 양심입니다. 장발장이 마부가 죽어가는 것을 지켜보는 것은 이익입니다.

자베르는 이익과 양심 사이에 무엇을 택하는지 감시하는 검열자입니다.

『레 미제라블』초판의 삽화, 〈자베르〉(귀스타브 브리옹, 1862)

장발장은 묵묵히 모든 힘을 다해 마차를 들고 마부를 구해줍니다. 양심이 이익과 검열자를 뚫고 승리합니다. 우리는 이 장면에서 진한 여운을 느낍니다.

장발장은 운명의 여인과 만납니다.

거리의 몸 파는 여인, 팡틴이 있습니다. 그는 어여쁜 딸 코제트를 아주 먼 곳에 맡겨놓았습니다. 팡틴이 장발장과 부딪칩니다. 팡틴은 장발장이 운영하던 회사에서 쫓겨난 바로 그 여인입니다. 그 딸을 낳았다는 이유로 쫓겨났는데, 딸을 맡긴 집에서는 팡틴에게 계속 돈을 요구합니다. 뮤지컬이나 영화에 아주 잘 나와 있습니다.

팡틴은 딸을 위해 자기가 가진 모든 자본을 팝니다. 자본이라고 표현하면 우습지만, 자본주의 사회에서는 몸이 자본입니다. 처음에는 금발 머리카락을 팝니다. 코제트를 맡은 테나디르디는 불법대부업체보다 더 무섭게 팡틴에게 '코제트에게 옷을 사줘야 한다' 등의 이유로 돈, 돈, 돈을 보내달라고 합니다.

코제트의 엄마 팡틴은 옥수수보다 더 고르고 상아보다 더 하얀 이를 뽑아 팔아서 돈을 보내줍니다. 코제트가 아파서 돈을 보내주어야 한다는 이유에 팡틴은 거리에서 몸을 팔기 시작합니다.

가진 게 없는 자가 몸을 판다는 것은
자본주의의 냉정한 법칙입니다.

장발장은 딸을 얻습니다.

거리의 여자 팡틴이 병원에 입원합니다. 팡틴은 서서히 죽어갑니다. 장발장은 팡틴에게 딸 코제트를 돌봐주겠다고 약속합니다.

장발장은 거리의 여인에 지나지 않는 팡틴과 약속을 지키지 않아도 됩니다. 아니 약속하지 않아도

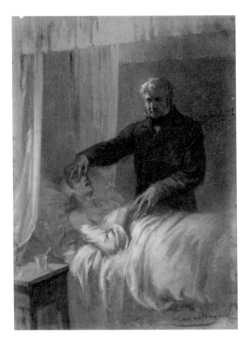

『레 미제라블』의 삽화, 〈팡틴의 죽음〉(에밀 바야르, 1879~1880).

됩니다. 하지만 장발장은 코제트를 돌봐주겠다고 약속합니다. 이 약속은 장발장의 양심을 지켜주는 방법이지만, 신분 세탁의 이익을 포기하는 것입니다.

장발장과 팡틴의 순수한 영혼의 거래 장면에서도 자베르는 나타납니다. 장발장은 양심과 이익 중어느 것을 택할지 고민하지 않습니다.

그는 양심을 선택합니다. 자베르는 장발장의 원죄에도 불구하고 양심이 승리하는 장면을 지켜봅니다. 우리는 이때 또 장발장의 진하디 진한 여운에 감동합니다.

장발장의 딸을 빼앗는 남자가 나타납니다.

장발장은 항상 딜레마 상태에 빠집니다. 어떤 딜레마일까요? 사적 이익과 양심의 한가운데 있는 것입니다.

시간이 오래 흘렀습니다. 장발장에게 팡틴의 딸 코제트는 이제 자신의 목숨과도 바꿀 수 있는 유일한 존재입니다. 그 코제트에게 마리우스라는 애인이 생깁니다. 시집가려는 딸을 둔 아빠의 심정을 생각해보시면, 장발장의 마음을 이해할 수 있습니다.

코제트의 애인 마리우스가 혁명 전사가 되어 바리게이트 안에 들어갑니다. 파리 한복판에 혁명의 붉은 깃발이 올라가고, 막 전투가 벌어집니다. 이때 코제트는 어쩔 줄 몰라합니다.

장발장은 자기의 유일한 말 상대이고 자기의 유일한 삶의 존재 이유인 코제트가 시집가면, 삶의 의미가 사라진다는 점을 잘 압니다.

마리우스를 구해주는 것은 양심입니다.
마리우스를 죽게 만드는 것은 이익입니다.

마리우스는 코제트에게 삶의 존재이유이지만

장발장에게는 죽음을 앞당기는 이유입니다. 하지만 장발장은 마리우스를 구하려고 바리게이트 안으로 들어갑니다. 딸의 애인을 구해주기 위해서. 이때 우리 또 여운을 느낍니다.

마지막으로 더 큰 여운은
자베르 경감과 조우입니다.

자베르 경감이 자신의 신분을 숨긴 채 바리게이트 안으로 들어옵니다. 들어와서 혁명군을 염탐합니다. 경찰 기계 자베르가 거기에서 장발장을 봅니다. 자베르는 저런 도둑놈들 같은 인간 쓰레기들이 혁명군이라고 비웃습니다.

자베르는 신분이 들통나서 잡히고 맙니다. 혁명군 지도자 앙졸라는 정부군 끄나풀, 자베르를 누가 죽일지 묻습니다. 그때 장발장이 손을 들어 자기가 죽이겠다고 합니다. 자베르는 '그러면 그렇지, 너 같은 놈들이 혁명하는 거야'라고 생각합니다.

장발장은 자베르를 데리고 나가요. 총을 쏩니다. 땅에다가. 자기를 수십 년간 쫓아다니며 자신의 모든 것을 강탈하고 괴롭힌 사람을 왼 뺨을 때리면 오른 뺨을 내미는 식으로 풀어줍니다. 이때 우리는 진하디 진한 감동과 오래도록 남는 여운을 느낍니다.

『군주론』에는 처음부터 끝까지
장발장의 인간미를 풍기는 그런 여운이 없습니다.

하지만 질문을 한번 던져보시기 바랍니다. 장발장처럼 살아갈 수 있는 사람이 몇 명이나 될까요? 도스토예프스키는 『카라마조프가의 형제』를 씁니다. 그는 카라마조프가 형제들의 세 번째 아들인 알료샤를 주인공으로 내세워 사실 러시아 혁명을 쓰고 싶었는데 실패합니다. 알료샤는 장발장 같은 사람입니다.

가장 도덕적이고
가장 종교적이고

『레 미제라블』의 삽화, 〈자베르 경감의 자살을 암시하는 장면〉(귀스타브 브리옹, 1867)

가장 초월적인 삶을 살아가는 사람.

알료샤와 장발장.

그런데 인간사에서 그런 사람은 거의 없습니다. 그러니까 우리는 장발장 같은 인물을 통해 감동하는 것입니다. 마키아벨리의 책에서는 그러한 여운을 찾아낼 수 없다고 합니다. 진짜 여운이 없을까요? 우리는 이 질문을 던져야 합니다. 그 때문에 장발장을 길게 언급했습니다.

사디스트와

마조히스트

왼 뺨을 때렸는데 오른 뺨을 내미는 놈은
마조히스트입니다.
오른 뺨 내민다고 또 때리는 놈은
사디스트입니다.

현실에서는 한 대 때리면 '이씨' 하고 덤비는 게
인간입니다. 물론 안 그런 사람도 있겠지만, 아주
극소수입니다. 때리지 말라고, 맞아도 싸우지 말라
고 도덕과 윤리, 종교가 있고, 법이 있습니다.

마키아벨리는 사실 도덕적이고 양심적이고 온
정적인 인간을 말하지 않습니다. 그는 미안하지만
속물적이고 현실적이고, 한 대 때리면 같이 때리는
인간을 말합니다.

마키아벨리는 그보다는 먼저 때리지 못하게 선
제 조치를 하는 인간을 주장합니다. 그것이 인간
사이고 사실이고 현실이라고 이야기합니다.

현실을 살아가는 인간에서 출발해야 합니다.

마키아벨리는 장발장이나 알료사처럼 하늘에 떠 있는 도덕군자에서 출발하지 않습니다. 마키아벨리는 사디스트도 아니고 마조히스트도 아니고, 화낼 줄 알고 열 받으면 싸울 줄 아는 그저 평범한 인간에서 시작합니다.

싸우다가 손해 볼 것 같으면 뒤로 물러서고, 상대방이 약할 것 같으면 좀 더 세게 나가고, 이런 것이 마키아벨리가 바라보는 인간입니다.

마키아벨리는 역설적이지만
가장 진한 인간미를 풍깁니다.

마키아벨리가 이 점에서 여운이 없어 보이지만, 오히려 가장 진한 여운이 나올 수 있습니다. 역설적입니다. 하지만 사실입니다.

내가 준 것보다 더 많이 대접을 받으면 여운이 남습니다. 긴 잔향이 남고 그 사람을 기억합니다. 그렇지 않습니까?

내가 누군가를 도와줬는데, 그 사람이 평생 잊지 않다가 제가 어렵고 힘들 때 저한테 그 은혜에 보답합니다. 그 사람은 좋은 사람입니다. 마키아벨리의 인간관은 여기에서 출발합니다.

『군주론』은 여운이나 잔향이 없는 것처럼 보이지만, 실제로는 인간이 살아가면서 느끼는 잔향을 깊이 간직합니다. 한 번 같이 찾아보겠습니다. 이것은 대단히 중요합니다. 그것이 바로 우리가 세 번째로 넘어갈 수 있는 바로 선물에 대한 이야기입니다.

그 선물을 이야기하기 전에
책을 어떻게 읽어야 할지 알아보겠습니다.

여기 계신 분들은 다 훌륭한 독서가들일 것이라고 생각합니다. 여기는 '책 읽는 사회 만들기 운동 본부'입니다. 그런데 저는 자꾸 '읽는'이 아니라 '없는'으로 읽힙니다.

제가 십년 넘게 단독주택에 살다가 아파트로 이사를 가는데, 책과 모아놓은 비디오테이프 등을 어마어마하게 버려야 했습니다. 거의 1톤 트럭 한 대 분량을 버렸습니다. 아직도 버려야 할 것이 남아 있습니다. 어제 저녁까지 숨어서 버리다가 더는 못 버리겠다, 그냥 이사 가자, 이렇게까지 마음먹고 나니까 책 없는 사회 만들기가 더 좋지 않을까 하는 생각이 들었습니다.

내일 모레 이틀간 걸쳐서 이사를 가야 하는데, 계속 책을 버리고 있습니다. 1980, 90년대에는 책이 많으면 무조건 공부 잘하는 줄 알았습니다. 읽지도 않는 책들을 엄청 사모았고, 먼지만 켜켜이 쌓여 있을 뿐입니다. 그래서 '책 없는 사회 만들기 운동 본부'가 떠올랐습니다.

책은 어떻게 읽어야 할 것인가?

첫 줄, 첫 단락, 처음 몇 쪽에 목숨을 걸고 읽어야 합니다. 그것이 매우 중요합니다. 『군주론』은 서문이 없는 책입니다. 대신 헌정사가 있습니다. 그 헌정사 내용을 보시면, 사실 마키아벨리가 하고 싶은 이야기를 처음부터 끝까지 사적인 이야기를 통해서 다 합니다.

왜 첫 부분을 목숨을 걸고 읽어야 할까요?

예를 들어보겠습니다. 호메로스가 『일리아드』를 씁니다. 『일리아드』의 첫 마디가 이렇습니다.

노래하소서, 여신이여!
펠레우스의 아들 아킬레우스의 분노를,
아카이오족에게

헤아릴 수 없이 많은 고통을 가져다 주었으며

숱한 영웅들의 굳센 혼백들을 하데스에게 보내고

그들 자신은 개들과 온갖 새들의 먹이가 되게 한

그 잔혹한 분노를 ……

(호메로스, 천병희 옮김, 『일리아스』, 숲, 25쪽)

호메로스는 저자 자신의 의도를 처음에 다 밝혔습니다. 일리아드는 "내가 처음부터 끝까지 아킬레우스의 분노를 이야기할 테니까 분노를 잘 찾아 따라와. 이 분노를 놓치면 시험 빵 점이야"라고 말해 주었습니다. 『일리아드』의 주제는 처음부터 끝까지 분노입니다.

아킬레우스의 분노를 잘 찾아가서 읽으면 고대 사회의 덕목을 알 수 있습니다. 고대 사회는 전사 사회입니다. 분노가 필요합니다. 아킬레우스는 격노했지만, 철학에 근거한 분노가 없어서 죽습니다. 플라톤이 한 이야기입니다. 이것은 논문이나 책으로 한 편 써도 될 만큼 아주 중요한 이야기입니다.

기회가 되면 나중에 같이 고민해봐도 좋겠습니다.

호메로스가 쓴 『오디세우스』의 주제는 무엇일까요?

들려주소서, 무사의 여신이여!

트로이아의 신성한 도시를 파괴한 뒤

많이도 떠돌아다녔던 임기응변에 능한

그 사람의 이야기를.

(호메로스, 천병희 옮김, 『오뒤세이아』, 숲, 23쪽)

이 책의 주제는 1에서 4부까지를 제외하면, 오디세이의 임기응변에 관한 내용입니다. 임기응변을 우리는 교활함, 책략, 간지 등으로 이해해도 좋습니다. 『오디세우스』는 처음부터 끝까지 오디세우스의 임기응변을 찾아내면 저자의 의도를 충실하게 파악하는 것입니다.

1에서 4장을 빼고 읽어야 합니다.

1에서 4장은 텔레마코스 장이니까요.

이 부분은 최초의 교양소설이라고 보시면 됩니다. 나머지는 처음부터 끝까지 오디세우스의 'ingenious'나 'resourceful' 면을 찾아 읽어내면 됩니다. 그것만 잘 찾아내면 저자가 말한 의도를 놓치지 않을 수 있습니다. 저자의 의도를 충분히 파악하고 난 다음에 내가 읽고 싶은 방향을 찾아 읽는 것이 좋습니다.

『일리아드』의 주제는 분노이고, 『오디세우스』의 주제는 임기응변, 교활함, 재치 또는 영악, 더 좋은 말로 하면 사려 깊은 삶입니다.

『일리아드』의 주체는 청년이고, 『오디세우스』의 주체는 장년입니다. 청년은 분노해서 망하고 장년은 교활해서 살아남는다는 교훈을 전하는 것이 『일리아드』와 『오디세우스』의 주제입니다.

책의 들머리를 목숨 걸고 읽는 것은 판타지 소설에서도 마찬가지입니다. 해리포터 1권 첫 부분은 이런 내용이 나옵니다.

프리벳가 4번지에 살고 있는 더즐리 부부는 자신들이 정상적이라는 것을 아주 자랑스럽게 여기는 사람들이었다. 그들은 기이하거나 신비스런 일과는 전혀 무관해 보였다. 아니, 그런 터무니없는 것은 도저히 참아내지 못했다. (……)

그런데 부족함이라고는 전혀 없는 더즐리 부부에게는 누구에게도 알리고 싶지 않은 비밀이 하나 있었다. 그건 포터 부부에 관한 것이었는데, 혹시 누구라도 포터 부부에 대해 알아낸다면 더즐리 부부는 아마 도저히 견딜 수 없을 것이다. 포터부인은 더즐리 부인의 동생이었지만, 그들은 몇 년째 서로 만난 적이 없었다.

(조앤 롤링, 『해리포터: 마법사의 돌』 1권, 문학수첩, 11~12쪽)

조앤 롤링은 정상과 비정상의 문제를 다룹니다.

『해리포터』 1부 첫장 첫 머리에 7부에 걸친 전체의 주제가 다 나와 있습니다. 조앤 롤링은 첫머리에 "내가 어떤 내용을 다룰지 잘 따라와"라고 말합니다. 내용은 간단합니다. 현실 세계에서 아주 정상적이라고 생각하는 사람들이 있는데, 그 사람들이 비정상적인 것을 상당히 싫어한다.

정상적인 사람들은 우리가 이야기하는, 흔히 말하는 중산층의 신화를 가진 사람들입니다.

비정상적인 사람들은 누구일까요? 그 책에서는 마법사들입니다. 마법사의 세계에서도 정상적인 자들이 있습니다. 그들은 볼드모트를 따르는 순혈주의자들입니다. 반면 마법사의 세계에서도 비정상적인 자들이 있습니다. 이른바 혼혈이나 머글, 또는 순수혈통이지만 마법을 하지 못하는 스큅들입니다.

조앤 롤링은 『해리포터』에서 정상적인 자들이 얼마나 비정상성을 추구하는지를 보여주는 동시에 비정상적인 자들의 다양성에 커다란 힘이 있다는 것을 보여주고자 합니다. 이 전체 주제가 1권 맨 앞 부분 단락에 나와 있습니다.

조앤 롤링은 정상적인 자들과 순혈주의자들이 바라본 세계, 다시 말하면 "다양성을 인정하지 않는 세계를 내가 다뤄볼게. 다만 어린이들 이야기이기 때문에 판타지의 세계로 끌고갈 테니까 잘 쫓아와"라고 말합니다. 조앤 롤링은 현실 속의 순혈주의자와 중산층 그리고 마법세계의 순혈주의자가 어떻게 이 사회의 이방인들, 즉 다양성을 왜곡하는지 환상적인 마법 세계를 통해 보여줍니다.

『그리스인 조르바』의 첫 문장은 이렇게 시작합니다.

I first met him in Piraeus.
나는 피레이우스항에서 그를 처음 만났다

『그리스인 조르바』의 저자 니코스 카잔차키스는 이 한마디로 책 전체를 소개합니다.

피레이우스항은 플라톤이 소크라테스를 등장시켜 『국가』를 논의한 곳입니다.

카잔차키스는 동일 장소에 소크라테와 정반대되는 인물 조르바를 등장시킵니다. 소크라테스가 이성적 지혜의 상징이라면, 조르바는 감성적 지혜의 상징입니다. 카잔차키스는 인류역사상 가장 위대한 철인을 단숨에 깨부수려고 동일 장소에 전혀 상반된 인물을 등장시킵니다.

이 첫 문장을 읽는 전율을 이루 말할 수 없습니다. 소크라테스에 중독된 우리에게 조르바의 등장은 예사롭지 않습니다. 조르바의 춤을 보신 분이라면, 훨씬 더 긴 전율을 느낄 것입니다.

『군주론』의 첫 부분은
서론이 아니라 헌정사입니다.

마키아벨리는 이 헌정사를 쓰는데, 자신의 목숨을 걸었다고 해도 과언이 아닙니다. 그렇기 때문에 우리도 이 헌정사를 목숨을 거는 심정으로 읽어야 합니다.

플라톤의 『국가』도 첫 부분이 중요합니다.

플라톤의 『국가』는 무척 두껍습니다. 『국가』는 10권으로 이루어졌는데, 1권을 지은 뒤 10년이 지나 2~9권이 저술되었습니다. 1권과 그 뒷 권은 사이에는 약 10년의 간극이 있습니다. 그래서 한 권의 책이지만 2개의 서문이 있습니다.

플라톤의 『국가』의 전체 내용 요약이자 주장은 맨 앞부분에 있습니다.

소크라테스는 1권에 맨 앞부분에서 벤디스 축제 때 케팔로스라는 노인을 만납니다. 소크라테스가 말을 던집니다. 대충 이렇습니다.

"당신은 좋은 부모 만나서 돈을 많이 물려받았고, 사업도 잘해서 돈을 많이 벌지 않았습니까? 나이 들어서 대단히 좋으시겠어요?" 그러자 케팔로스라는 노인이 "좋지" 대답합니다.

소크라테스가 다시 "노인이 되어서 좋은 게 뭡니까?"라는 질문을 던집니다.

그 질문에 대한 답이 『국가』의 처음부터 끝까지 내용입니다. 답은 대단히 명쾌합니다. 나이 드니까 성욕에서 자유로워져 좋다. 돈이 많으니까 신에게 제사를 드리고 남한테 빚을 지지 않아서 좋다.

이것을 다른 말로 이야기하면 성욕을 절제하고 돈을 절제하고 사는 삶이 인생에서 가장 아름다운 삶입니다. 플라톤 국가의 처음부터 끝까지 내용입니다. 그것을 정치학적으로, 교육학적으로, 철학적으로 증명합니다.

1권은 트라시마코스 사람이 나온다고 해서 트라시마코스 장이라고 불립니다. 트라시마코스는 어떤 사람일까요? 그는 한마디로 내 마음대로 하는 것이 정의라고 주장하는 자입니다. 우리가 흔히 접할 수 있는 자유주의나 신자유주의의 논리를 그대로 표현한 사람이 트라시마코스입니다.

플라톤은 욕망을 실현하고자 하는
트라시마코스 같은 인간을 반대합니다.

절제하는 삶이 정의로운 거야. 성욕도 절제하고
돈도 절제하고 그리고 꼭 해야만 하는 분노도 하지
말고 용기를 발휘하는 것, 다시 말해 적절한 절제
를 통한 용기가 중요하다고 말하는 책이 바로『국
가』입니다.

『국가』는 상당히 특이한 책입니다.

10년 뒤에 2권 이후의 책이 집필되었기 때문입
니다. 따라서 새로운 서문이 필요합니다. 천재적인
플라톤은 이중 서문을 작성합니다. 1권을 요약하는
동시에 2권 이후 전체 주제를 밝히는 서문을 작성
합니다. 이것이 그 유명한 '기게스의 반지'입니다.

기게스의 반지(작가 미상, 16세기)

기게스의 반지는 투명 반지로, 돌리면 자기 몸이 안 보이고 다시 돌리면 자기 몸이 보이는 반지입니다. 이것을 절대 반지라고도 표현합니다.

인간은 절대 반지를 끼면 어떻게 행동할까요?

장발장이나 알료샤와 반대로 100퍼센트 모두 자기 이익을 위해서 자신의 욕망을 채웁니다.

이것의 변형이 해리포터의 투명 망토이고, 우리 전래 동화인 도깨비 감투입니다. 플라톤은 2권의 서문 기게스 반지를 통해, 우리들에게 절대 반지를 얻게 되더라고 욕망을 다 채우고 살면 안 된다고 경고합니다. 이런 저작들은 대부분 플라톤 류입니다. 다시 말하면 도덕적으로, 윤리적으로 올바른 삶이란 무엇인가라는 질문을 던지는 내용입니다.

책의 첫머리를 목숨 걸고 읽는 것은 모든 책 읽기의 기본자세입니다. 물론 그렇게 잘 쓴 저작들이어야 그렇게 읽을 수 있다는 것이 기본 전제입니다.

선물과
뇌물의
차이

마키아벨리는 『군주론』 첫머리에서
선물을 강조합니다.

마키아벨리는 플라톤의 주장에 대해 천만의 말
씀, 만만의 말씀이라 반대합니다. 인간의 삶과 인
간의 역사는 플라톤이 주장했던 올바름과 다르다
는 것입니다. 마키아벨리는 인간사에서 제일 중요
한 것을 선물로 봅니다.

헌정사를 보시면 '무릇 군주의 총애를 얻고 싶
은 자는 자신이 가장 소중하다고 생각하는 것을 선
물로 바치러 갑니다'라고 말합니다. 또한 헌정사의
맨 마지막에 '제 선물이 마음에 드신다면 제가 얼
마나 비참한 지위에 있는지 저에게 눈길을 한 번
돌려봐주시고, 저에게 선물을 주셨으면 좋겠습니
다'라고 끝납니다.

두 번째 단락에서 마키아벨리는 이제까지 누구
도 갖지 못했던 좋은 문제의식을 당신에게 선물로

드리겠다고 말합니다.

좋은 문제의식이란 선물은 한마디로 하면 지형학을 그리는 사람과 마찬가지입니다. 지형학을 어떻게 그려야 하는가, 높은 데를 그리고 싶은 사람은 밑에서 봐야 하고 아래를 그리고 싶은 사람은 위에서 바라봐야 한다고 마키아벨리는 말합니다.

높은 곳은 군주를 말하고,
낮은 곳은 시민, 인민, 백성 등을 말합니다.

'위'와 '아래'라는 간단한 이 말은 사실 아주 무서운 말입니다. 마키아벨리는『군주론』에서 '위' 군주, '아래' 인민이나 시민, 국민, 이 단 두 시선만 교차하고 나머지를 다 배제합니다. 부자, 군인, 관료, 귀족, 등 군주와 시민, 군주와 인민 사이에서 기득권을 누렸던 집단을 완전히 제거해버립니다.

그 후 군주와 시민, 이 양자의 관계만을 놓고 그

둘 사이를 선물을 주고받는 관계로 기술합니다. 마키아벨리가 말한 선물은 정치에서 보면 아주 평범합니다. 하지만 진리입니다.

군주가 시민에게 주는 선물입니다.
"군주는 시민을 위해서 좋은 정책을 베풀어라"
입니다.

반대로 시민이 군주에게 주는 선물입니다.
"시민은 군주에게 정치적 지지를 해준다"
입니다.

선물과 뇌물은 전혀 성격이 다릅니다. 뇌물은 특수 이익을 목적으로 줍니다. 그렇기 때문에 뇌물은 호혜적이지 않고 평등하지도 않습니다. 뇌물을 받치는 자는 항상 바치고 받는 자는 항상 받습니다.

양자의 관계는 기본적으로 불평등합니다. 뇌물을 주는 자는 특수 이익을 목적으로 바치고, 받는 자는 특수 이익을 제공합니다. 지위가 높다고 해서 100을 줬더니, 받은 자가 1,000으로 되돌려준다면 뇌물입니다.

선물은 그렇지 않습니다. 선물은 특수 이익을 목적으로 하지 않습니다. 선물은 양자 간에 호혜성, 상호성, 균등성(평등성)을 전제로 합니다. 100을 주고 100을 받으면 가장 기본적인 선물입니다.

정치란 무엇인가?

정치에서 가장 기본적인 것은 엽관제(spoils system)입니다. 엽관제는 별것 아닙니다. 가령 사냥을 합니다. 사냥에는 팀장, 몰이꾼, 사냥꾼 등이 나섭니다. 활도 없고 도끼도 없었을 때는 맨 몸으로 싸운 사냥꾼도 있었을 것이고, 소리 질러서 몰이하는 자도 있고, 전체 계획을 짜는 대장도 있을 것입니다.

좋은 사냥꾼 대장은
선물을 잘 나눠주는 자입니다.

사냥 노획물이 잡히면, 기여도에 따라
그것을 적절하게 잘 나눠주는 자가 진짜
대장입니다. 기여도에 따라 제일 공을 많
이 세운 사람부터, 아파서 못 나온 사람,
나이 들어서 아예 사냥에 참여할 수 없는
사람, 심지어 장애를 안고 태어난 사람까
지 논공행상에 따라서 먹을 것을 나눠줍
니다. 이것이 엽관제입니다.

엽관제는 정치의 기본 원리입니다.

엽관제의 기본 원리가 정치에서 사라진 적은 단
한 번도 없습니다. 지금도 대통령이 새로 등장하면
어떻습니까? 자신의 선거를 도와준 사람들에게 자
리를 나눠줍니다.

정치 풍자 카툰, 〈멋진 가족 파티A Nice Family Party〉(존 카메론, 1872, 미국의회도서관 소장). 미국 18대 대통령이었던 율리시스 심프슨 그랜트가 정부가 줄 수 있는 선물을 의미하는 케이크(Government Cake)을 들고 있다. 많은 사람들이 달려들어서 "우리에게 한 조각만 주시오 Let us have a piece"라고 아우성이자, 그랜트 대통령이 "우리에게 평화를 주시오 Let us have peace"라고 답한다.

나쁘게 생각하면 파당적 행위이지만, 좋게 말하면 목숨을 걸고 함께 행동한 동지에게 선물을 나눠 주는 행위입니다.

한 사람이 정치인을 도와준 것은 개인을 도와준 것이 아니라 정강 정책의 이념을 실천한 사람을 도와주는 것입니다. 지지자들이 후보자에게 선거에 도움을 주는 선물을 주면, 당선자는 도움을 준 자들에게 선물로 관직을 나눠줍니다.

우리나라 대통령이 임명할 수 있는 관직은 유사 직종까지 따지면 8,000개라고 합니다. 훨씬 더 많을 수 있습니다. 대통령은 8,000명에게 그 자리를 나눠줄 수 있는 권리를 가진 자입니다. 이것은 도와준 자들에게 나눠주는 선물입니다. 사실 기업도 마찬가지입니다. 거기에도 논공행상이 벌어지고, 성과급을 나눠줍니다. 선물의 주고받음은 어디에서나 벌어지는 현상입니다.

선물의

정치학

정치란 선물의 주고받기입니다.

정치란 올바름의 실천이 아닙니다.

서로 좋은 선물을 주고 좋은 선물을 받는 것이 정치입니다. 능력이 안 되면 변변찮은 선물을 주고 그것만큼 되돌려 받습니다. 내가 좋은 능력 발휘해서 도와주면, 그에 합당하게 받는 것이 정치입니다.

시민과 군주, 시민과 통치자 사이에 정치란 무엇일까요? 지지해준 것만큼 좋은 정책을 베풀고, 시민은 그런 군주를 지지하는 것입니다. 이것이 정치의 기본입니다.

선물이 정치의 기본이라는 말은 진리입니다.

호메로스의 『일리아드』에 다시 한 번 들어가보겠습니다. 그리스 연합군이 전쟁터로 가야 하는데, 계속 폭풍우가 몰아칩니다. 연합군 사령관 아가멤논은 딸을 바치면, 배가 떠날 수 있다는 신탁을 받습니다.

이피게네이아의 희생(펠리체 토렐리, 18세기 전반). 이피게네이아는 그리스 신화에 나오는 아가멤논의 딸로 트로이 전쟁 때 희생으로 바쳐졌다가 여신 아르테미스의 도움으로 탈출하였다.

아가멤논이 자기 딸 이피게네이아를 바칩니다.

　겨우 전쟁하러 갔는데 또 사달이 납니다. 이번에는 아킬레우스가 반발합니다. 아킬레우스가 분노합니다. 아킬레우스가 왜 반발하고 분노하는지가 대단히 중요합니다.

　그리스 연합군은 전투에서 승리합니다. 전투에 승리하면 선물, 즉 전리품이 생깁니다. 승리한 그리스 연합군은 전리품을 나눕니다. 엽관제가 기억나실 겁니다.

　옛날에는 전쟁이 끝나고 난 다음 3시간, 3일 또는 일정한 약탈 시간을 줍니다. 그때 약탈과 강간, 살상 등 별의 별 나쁜 짓이 다 허용됩니다. 우리가 말하는 전쟁에서 인도주의적 개념은 아주 최근에 생겼습니다. 포에니 전쟁은 아주 유명합니다.

　로마와 카르타고가 싸웠는데, 로마가 카르타고

를 점령한 뒤 카르타고의 씨를 말려버립니다. 어떻게? 소금을 갖다 뿌려버립니다. 30년 동안 생물이, 식물이 자라지 못하게 합니다. 지금의 핵폭탄보다 더 가혹한 조치를 취했던 게 바로 로마입니다. 고대 전쟁은 그렇게 잔인했습니다.

그리스 연합군은 전리품을 배분한 후에 문제가 생깁니다.

아폴론을 모시는 사제가 아가멤논에게 와서 뺏어간 전리품인 딸을 돌려달라고 합니다. 그런데 묘하게도 그 사제의 딸이 아가멤논의 전리품이었습니다.

아폴론 신을 이길 수 없었던 아가멤논은 전리품을 돌려주고 난 후 심통이 나서 제일 어린 장군 아킬레우스의 전리품을 약탈합니다.

"야, 너 이리와 봐, 너 전리품 내놔." 아킬레우스는 그리스 연합군 사령관의 말을 들을 수밖에 없습니다. 문제가 생깁니다.

그 전리품이 다름 아니라 아킬레우스의 입장에서 부인이었습니다. 부인을 뺏기면 좋을 사람이 아무도 없습니다. 그 후 우리가 아는 것처럼 아킬레우스가 '나 전투 안 나가'라고 분노합니다. 여기서 많은 문제가 발생합니다.

만약 아가멤논이 아킬레우스의 전리품을 빼앗지 않았다면, 트로이 전쟁이 그렇게 오래갈 리 없었을 것입니다. 아가멤논이 집을 오랫동안 비우지 않아도 되었기 때문에, 그의 부인 클뤼타임네스트라에게 정부가 생겼을 리도 없었을 것입니다. 그리고 아가멤논은 자신의 부인과 정부에 의해 암살당할 리도 없었을 것입니다.

전리품을 잘 분배하는 것은
매우 중요한 문제입니다.

아가멤논의 암살(피에르 나르시스 게랭, 1817, 루브르 박물관 소장)

선물을 잘 나눠주는 것은 정치가의 가장 기본적인 자질입니다.

선물은 모든 인간관계에서도 매우 중요합니다.

앞에서 장발장 이야기를 길게 했습니다. 사람들은 '장발장처럼 올바르게 살아갈 수 있는가'라는 질문을 하고 가능한 올바르게 살려고 노력합니다. 하지만 실제로 자신이 위협받는 순간이 닥치면, 올바른 선택보다는 생존본능에 따라 자신을 위한 선택을 하게 됩니다.

심지어는 부모가 자식을 잡아먹기도 합니다. 우리나라 역사에서 실제로 있던 일입니다. 『조선 후기 사회변동 연구』(정석종 지음, 일조각, 1983)에 나옵니다. 흉년 7년, 가뭄 7년 들면 부모가 자식들을 잡아먹습니다. 자식을 잡아먹어 문제라는 상소가 왕에게 올라옵니다. 왕은 자식을 잡아먹지 말라는 명령을 내립니다. 어떤 상황이 발생했을까요? 자기 자식을 옆집 자식과 바꿔서 잡아먹습니다.

인간은 너무 배가 고프면 자식을 잡아먹기도 합니다. 이것이 인간입니다.

인간이 이런 존재라고 할 때, 인간이 올바르게 도덕적으로, 양심적으로 살아가는 것이 가능할까요? 마키아벨리는 문제의식을 바꿉니다. 그는 올바른 것처럼 보이는 게 중요하다고 말합니다. 올바른 것처럼 보인다고 가식적인 것은 아닙니다.

만약 제가 사냥의 '짱'이라고 생각해보시기 바랍니다. 제가 논공행상에 따라서 선물을 잘 나눠주면 어떤 결과가 나올까요? 다음 사냥 때도 제가 짱이 됩니다. 이유는 간단합니다. 잘 나눠줬기 때문에 저에 대한 절대적 신뢰가 생겼기 때문입니다.

전쟁터에 나가도 마찬가지입니다. 장군이 뒤에서 북이나 치고 앉아 있지 않고 솔선수범하고 몸소 싸워서 전리품을 얻습니다. 병사들에게 그 전리품을 공을 세운 만큼 나눠주고 자기가 가질 것도 나눠 준다고 생각해보세요. 그러면 어떻게 될까요? '아, 저 장군은 나에게 선물을 주는구나, 최소한 저 장군은 믿을 말한 사람이다'라고 생각하게 마련입니다.

아가멤논은 전투에 참여하지 않고 아킬레우스가 전투에서 얻은 전리품을 마치 자기 것처럼 여겼습니다.

그는 자기 전리품이 부족하다고 아킬레우스에게 나눠준 전리품을 다시 빼앗았습니다. 정말 인색한 사령관이었습니다. 아가멤논은 자식도 제물로 바치고, 부인에게 살해당했기 때문에 찌질한 가장이었습니다.

좋은 리더는 10을 주었는데 100을 주는 자입니다.

위와 같은 성군들이 있습니다. 내가 100을 줬는데 100을 준다, 이건 매우 좋은 군주입니다. 그런

아킬레우스와 아가멤논의 담판(펠니체 자니, 19세기)

데 100을 줬는데 10을 준다면 이것은 파렴치한 군주입니다. 100을 줬는데 하나도 안 준다. 이 군주는 반드시 머지않아 권력을 상실합니다.

역사상에서 망했던 군주들, 폭망했던 대통령들을 보면 확인됩니다. 사리사욕을 채우고 자기 측근만 챙기면 반드시 권력을 상실합니다. 정치조직이든 기업이든 모든 조직은 하나의 유기체입니다. 유기체가 잘 생존하려면, 공정하고 공평한 분배가 가장 필요합니다.

찐한

커피 향 같은

『군주론』

『군주론』은 아주 진한 여운을 전해줍니다.

인간관계에서 제일 좋은 것은 내가 받은 것만큼 돌려준다는 아주 평범한 사실을 『군주론』은 논증합니다. 네가 받은 것만큼 타인한테 해코지하지 마라. 그 정도만 지켜도 인간사회는 잘 유지됩니다. 어차피 인간들이 알료샤나 장발장 같은 성인군자가 아니라면, 마키아벨리가 말하는 것이 아주 명쾌합니다. 그래서 선물을 이야기합니다.

마키아벨리가 군주에게 준 선물은 무엇일까요?

마키아벨리는 군주에게 선물을 드리고 싶어 합니다. 하지만 그는 지독하게 가난했습니다. 자신이 직접 일하지 않으면, 가족을 먹여 살릴 수도 없을 정도입니다. 하지만 마키아벨리는 군주에게 줄 선물이 있습니다. 어떤 선물일까요?

바로 오랜 경험과 치밀한 독서를 바탕으로 만들어진 『군주론』입니다.

마키아벨리는 군주란 무엇인가, 군주는 어떤 역할을 해야 되는가, 좋은 군주라면 어떻게 행동해야 하는지를 연구했습니다. 무려 15년 동안 100쪽도 안 되는 책을 위해 2,000년간의 역사를 훑어온 것이 바로 『군주론』입니다.

그는 이것을 간단하게 설명합니다. 지도를 그리려면 '위'에서 '아래'를 보고 '아래'에서 '위'를 보는 것, 다시 말하면 중간 과정을 생략하고 군주와 시민이 직접 만나서 서로 소통할 수 있는 길을 군주가 찾아야 한다는 것입니다.

중간에 있는 자들, 귀족, 군인, 부자들 등은 아주 욕심이 많은 자들이기 때문입니다. 다수와 소수를 다룰 때 자세하게 살펴보았습니다.

사실 모든 정치학은
올바름이란 무엇인지를 고민합니다.

마키아벨리는 올바름을 생각하는 것은
사치라고 생각합니다.

나중에 15장에서 나오는 이야기입니다. 올바름
을 아무리 이야기해봤자 소용없습니다. 인간은 기
본적으로 올바르지 않고 이기적이기 때문입니다.

모든 혁명적 사상은
생물학과 역사학을 바탕으로 합니다.

역사를 보았을 때, 올바른 군주가 역사책에 이름
을 남기는 것이 아니라, 악독한 군주일수록 더 이
름을 많이 남깁니다. 성군이 지배하는 시대는 역사
에 기록할 내용이 별로 없습니다.

소크라테스부터 지금까지, 부처님부터 지금까

지, 공자님부터 지금까지 대략 2,500년으로 잡아보십시오. 세대로 따지면 80세대밖에 안 지났습니다. 매우 긴 시간 같지만 80세대니까 손으로 셀 수 있습니다. 그 80세대 동안 인류역사에서 정말 편안했던 시대는 얼마나 될까요. 거의 없습니다.

동물의 세계, 인간의 세계에는 윤리와 도덕과 법이 없습니다. 다만 살아남느냐 죽느냐만이 있을 뿐입니다.

마키아벨리는 생물학과 역사학에 근거해서
실현 가능한 이상적인 정치를 이야기합니다.

'올바른 듯이 보이는 게 중요하다.' 분명히 말씀드리지만, 건강한 사람은 사디스트도 아니고 마조히스트도 아닙니다. 한쪽에 치우친 사람은 분명히 문제가 있습니다. 왜 남을 학대하며 즐기고, 자신을 학대하며 즐깁니까? 적당하게 주고받으면 즐기는 것이 좋은 일입니다.

마키아벨리 사상의 핵심은 『군주론』 헌정사에다 나옵니다. 사실 핵심적 주장은 처음부터 끝까지 선물을 잘 주고받자는 이야기입니다.

왜 책을 읽을 때 첫머리가 중요한지 다시 한 번 검토하고 선물의 정치학적 의미를 다시 살펴보겠습니다.

다시 『군주론』으로 돌아갑니다.

왜 헌정사를 목숨 걸고 읽어야 하는지 찾아내셨다면 2장으로 곧장 넘어가야 합니다. 1장은 군주의 종류만 나열하기 때문입니다. 2장은 앞에서 보셨던 내용입니다. 메디치, 페라라, 보이지 않는 또 다른 인물인 사보나롤라가 주인공들입니다.

그 내용을 깊이 파고 들어가면 마키아벨리가 하고 싶은 이야기를 다 했다는 점을 확인할 수 있습니다. 마키아벨리는 페라라의 예를 들면서 메디치 당신 가문이 왜 망했는지 지적합니다. 그는 시민들한테 좋은 선물을 못 줬기 때문에 망했다고 그는 말합니다. 물론 마키아벨리는 '당신네 가문이 부녀자들 겁탈하고 시민들에게 세금을 많이 거뒀어'라는 말을 직접 하지는 않습니다.

하지만 우리는 그렇게 생각하면 안 됩니다. 르네상스 시대의 위대한 건물과 예술품이 많이 남았으니까 좋은 시대일까요? 시민들 입장에서는 그렇지 않습니다.

거꾸로 그 좋은 건물을 짓기 위해서 얼마나 많은 세금을 걷었는지 추측할 수 있습니다. 왕과 귀족들이 전부 자기 돈으로 지었을까요? 아닙니다. 화려한 건축물은 왕과 귀족이 드러낸 자기 과시의 명백한 증거입니다.

마키아벨리는 메디치에게 페라라가 망했듯이, 당신네 가문도 망했다며 비수를 들이댑니다. 마키아벨리는 실질적인 첫장이나 다름없는 2장에서 메디치에게 살떨리게 '너 시민들한테 선물을 잘해야 한다', '안 그러면 또 망한다'라고 말합니다.

'선물 잘 주면 나라 뺏겼다가도 시민들이 언제든지 찾아준다는 말이야. 선물 잘하는 군주치고 내가 망한 거 못 봤어. 잘 봐봐.' 마키아벨리는 메디치에게 이런 말을 하는 것과 다름없습니다.

선물을 잘 주면 무조건 좋다!

정말 그럴까요? 오디세이의 행동을 우리는 잘 살펴봐야 합니다. 『일리아드』에서 선물을 빼앗은 아가멤논 때문에 아킬레우스가 분노했다면, 『오디세우스』는 오디세이가 신들에게 선물을 잘해 살아난 이야기입니다.

오디세이는 포세이돈의 심술 때문에 도망가지 못합니다.

오디세이가 포세이돈의 아들을 죽였기 때문입니다. 신들이 필멸할 인간에 지나지 않는 오디세이를 위해서 회의까지 합니다. 신들이 회의를 한 이유는 간단합니다. 오디세이한테 제물의 형태로 선물을 많이 받았기 때문입니다.

신들은 모여서 "우리가 오디세이한테 받아먹은 제물이 얼마냐. 우리가 선물을 그렇게 많이 받았는데 쟤 집에 못 가면 얼마나 불쌍해, 쟤 좀 살려줘야 되지 않겠어?" 신들이 고개를 끄덕끄덕합니다. "그래, 전쟁도 끝났고 한 3년 고생했으니까 집에 돌려보내주자." "그래그래, 우리 합의 봤어. 그러면 어떻게 하지?" "좋아, 내가 총대 맬 게."

신들은 오디세이의 적, 포세이돈을 에티오피아로 데려갑니다. 포세이돈이 큰 제사에 참여해 제물을 받아먹는 동안, 신들은 오디세이가 탈출하게 도와줍니다. 그뿐만 아니라 오디세이가 곤경에 처할 때마다 선물을 받은 신들은 오디세이를 도와줍니다.

선물을 잘하면 죽다가도 살아날 수 있습니다.

선물을 못하면 아가멤논처럼 죽습니다. 선물은 모든 통치와 리더십의 기본원리이며, 여기에는 진보나 보수 그리고 좌우가 따로 없습니다. 이것을 '선물의 정치학'이라 부릅니다.

선물을 어떻게 잘할 것인가.
살다 보면 돈 잘 쓰는 사람들이 있습니다.

무작정 많이 쓰는 것이 아니라 필요할 때 적재적소에 잘 쓰는 사람들이 있습니다. 그 사람은 그리 부자도 아니고 가난한데도 별로 궁색해 보이지 않습니다. 필요할 때 정말 잘 씁니다. 이런 사람 주변에는 사람이 항상 모여 있습니다.

잘되는 기업이나 조직을 보면 선물의 형태로 상벌의 주고받음이 분명합니다. 선물이 중요하다는 점을 확인해보면, 마키아벨리의 생각을 잘 이해할 수 있습니다.

마키아벨리의 생각을 한마디로 정리해봅시다.

좋은 군주는 누구인가?

좋은 수상은 누구인가?

또 좋은 대통령은 누구인가?

선물을 잘 주는 자 입니다.

사회주의적 관점에서 마키아벨리 군주론을 해석한 이론가가 있습니다. 바로 이탈리아의 철학자 안토니오 그람시입니다. 그람시는 정당이 군주와 같은 역할을 할 수 있다고 생각합니다. 그 경우 정당이 시민들에게 선물을 잘해준다면, 그 정당은 좋은 정당입니다.

『레 미제라블』과

『카라마조프가의 형제들』

완독하기

좋은 글이란 어떤 글인가를 생각해봅시다.

좋은 글에는 여러 조건이 있겠지만, 저는 수미일관성이라고 생각합니다. 앞과 뒤가 잘 맞아떨어지면 좋다고 생각합니다. 저는 『군주론』의 헌정사를 정말 좋아합니다. 헌정사를 정말 좋아하는 이유는 마키아벨리가 자신의 사적 이야기와 정말 중요한 핵심적인 내용을 중첩해 적절하게 잘 이야기하기 때문입니다.

조금 전에 말씀드렸던 것처럼 말 그대로 긴장입니다. 마키아벨리는 자신의 속내를 다 드러내놓고 이야기할 수 없습니다. 그렇다고 이 긴장된 상태에서 진짜 하고 싶은 이야기를 안 한 것도 아닙니다. 물론 자신의 생사여탈권을 쥔 군주에게 자신이 하고 싶은 이야기를 다 할 수는 없습니다.

수미일관! 앞에서 선물을 이야기하고 자신에게 관직을 선물로 달라고 이야기하면서, 모든 것을 싹 은폐하는 글만큼 과연 좋은 글이 있을까 생각합니다.

또 좋은 글의 조건은 무엇일까요?

좋은 글은 아름답고 미려하고 화려하게 쓰는 글인가!? 마키아벨리는 헌정사에서 그런 글은 좋은 글이 아니라고 합니다.

저는 이 책을 과장된 구절들, 또는 허황되고 화려한 어휘들, 또는 저속하고 주제를 벗어난 미사여구로 치장하게끔 채우지 않았습니다. 저는 대부분의 저자가 이런 것들로 책을 가득 채웠다고 생각합니다. 저는 제 책이 다른 어떤 것으로 아름답게 치장되어 있다고 생각하지 않습니다. (『군주론』, 33쪽)

실제로 마키아벨리의 글은 정말 단순명료합니다.

이렇게 군더더기 하나 없을까 생각할 정도로 『군주론』은 명쾌합니다. 저도 그런 글이 정말 좋은 글이라고 생각합니다.

수미일관성과 단순명료함에도 마키아벨리의 글은 읽기가 쉽지 않습니다. 구조의 복잡성 때문입니다. 구조가 복잡한 이유는 여러 가지 있습니다. 그 중에서도 가장 중요한 것은 자신이 하고 싶은 이야기를 에둘러 표현하고 싶은 것 때문입니다. 우리는 『군주론』을 읽을 때, 반드시 구조를 파악하고 읽어야 합니다.

『레 미제라블』 5권을 모두 읽기는 쉽지 않습니다. 『카라마조프가의 형제들』을 읽어보았을 겁니다. 하지만 풍부하게 이해하기는 쉽지 않습니다.

『레 미제라블』을 읽은 분들은 거기에 나오는 신부님을 보고 감화받고 고개를 끄덕끄덕이다가 끝나기 십상입니다.

그다음 『카라마조프가의 형제들』에서는 조시마

장로 이야기에 감동하고 나중에 기억에 남는 것도 그것뿐일 때가 많습니다.

　　이런 현상은 전체 흐름을 안 보기 때문입니다.
　　나무만 보다가 숲을 못 보고 놓치기 때문입니다.

　　특히 어려운 저작이나 조금 깊이가 있다거나 아니면 조금 양이 많은 것은 반드시 구조를 봐야 합니다. 소설에서 구조는 무엇일까요. 흐름의 전개일 수 있습니다. 구조도는 흐름의 전개를 가장 잘 보여주기에, 구조도를 그려보면 편합니다. 가장 대표적인 방법 중 하나가 가계도를 그려보는 것입니다.

　　『카라마조프가의 형제들』를 보면, 아버지 하나, 부인 셋, 그리고 아들 넷, 각종 연인 관계, 아버지와 아들이 한 여인을 둘러싼 연적 관계 등 무척 복잡합니다. 가계도를 그리면서 읽으면 어느 정도 흐름을 잡을 수 있습니다. 그다음에 개별 인물의 성격과 인물 간의 관계를 파악해서 봐야 합니다.

『레 미제라블』도 보시면 사회 이야기와 스토리 라인이 계속 엇갈려 있습니다. 이 책은 프랑스 사회의 교과서라고 할 정도로, 프랑스 사회가 어떠했는지 잘 보여줍니다. 하수구 묘사만 해도 아주 양이 많습니다. 몇십 페이지가 됩니다. 실제로 뮤지컬 보면, 마지막 장면 하수구 연출을 굉장히 잘했습니다. 그만큼 중요한 내용이기 때문입니다.

『군주론』 같은 책을 읽을 때 어떻게 읽을 것인가?

등장인물도 수백 명이고 사건도 아마 수십 개, 수백 개가 됩니다. 그것도 역사가이자 정치가이며 행동가인 마키아벨리 기준으로 2,000년의 역사를 왔다 갔다 합니다.

그다음 당대 이야기도 계속 끼어듭니다. 우리 같은 사람은 그 글을 제대로 읽고 이해하기 힘듭니다. 『군주론』을 잘 이해하려면, 간단하게 구조도를 만들어보는 것이 좋습니다.

1에서 26장까지를 하나의 구조도로 이해하는 것이 중요합니다. 표가 1개만 나오는 게 아니라 사실은 2개, 3개, 4개 버전을 다르게 만들 수 있습니다. 다만 여기에서는 한 가지 방법만 썼습니다.

　서문에 나왔던 오랜 경험, 자기의 오랜 경험과 그다음 치밀한 독서 두 가지를 바탕으로 과거와 현재의 사례를 넣었습니다. 이를 바탕으로 마키아벨리가 기술했던 방식을 분석했으며, 이를 바탕으로 표를 만들어서 구조도를 작성했습니다.

　『군주론: 시민을 위한 정치를 말하다』를 보면 4부로 나누고, 각부의 각장마다 개별 구조도를 분석해 넣었습니다. 그 구조도를 읽지 않는 한 『군주론』의 밀림에 빠지고 맙니다.

　거대한 대작, 소설이든 철학이든, 아니면 어떤 인문학이든 간에 난바다에 빠져도 살아남을 수 있으려면 구조도를 만들어보는 것이 중요합니다.

"야, 이남석, 네가 강의하는 그 구조도가 맞아?"

이런 질문이 필요합니다. 틀리다면 고맙고, 맞다면 행복입니다. 틀리다고 지적하고 새로운 구조를 만들어 보여주신다면, 『군주론』을 독해할 수 있는 새로운 길이 열립니다.

새로운 길을 보여주신다면 언제든지 고마운 마음을 표현할 것입니다. 맞다고 칭찬해주신다면, 책 읽는 사람의 입장에서 인세보다 더한 즐거움으로 다가올 것입니다.

많은 사람이 『군주론』을 읽으면서 구조도를 보지 않습니다. 『군주론』 관련 논문들을 보시면 뒤죽박죽일 때가 많습니다. 논자가 찾고 싶은 부분만 찾아 읽기 때문에 생기는 현상입니다.

자기가 이해한 부분만으로
글을 쓰는 것은 인간의 습성입니다.

'아는 것만큼 보인다'의 병폐는 '아는 것만 찾아 읽는다'입니다. 확증 편향의 오류입니다. 모르는 것을 보지도 않고 이해하려고 노력도 하지 않는 것이 인간의 습성이기 때문입니다.

마키아벨리의 『군주론』에는 서문이 없습니다.

마키아벨리의 『군주론』의 놀라운 점은 서문과 관련되어 있습니다. 서문이 없는 책은 거의 없지만, 왜 서문이 없을까 고민하면 구조도가 다 풀립니다. 이 서문을 찾아내는 것이 구조도를 이해하는 핵심입니다. 마키아벨리는 『군주론』을 쓰면서 '서문은 맨 앞에 있어야 한다'는 일반적 상식을 파괴했습니다. 그는 우리가 생각하는 형식과 틀을 파괴했습니다.

마키아벨리의 글을 크게 4부로 나누면, 각 부는 1장, 12장, 15장, 24장에서 시작합니다. 아마 이런 질문을 던지실 겁니다. "왜 4부로 나누고, 1, 12, 15,

24장에서 시작한다고 단언합니까?"

24장 때문입니다. 24장 1절에 보면, 마키아벨리는 이때까지 훌륭한 법과, 좋은 법과 훌륭한 군대와 적당한 본보기를 이야기했다고 합니다.

> 신흥 군주는 두 배의 영광을 누릴 것입니다. 왜냐하면 그는 신흥 군주국을 건설하고, 좋은 법과 훌륭한 군대와 적당한 본보기로 신흥군주국을 드높이고 강화하기 때문입니다. (『군주론』, 779쪽)

마키아벨리는 『군주론』 서문에서 훌륭한 법, 좋은 군대, 적당한 본보기가 군주의 필요충분조건이라는 점을 말하지 못합니다. 군주가 법에 의해 통제를 받아야 한다는 생각 자체를 말할 수 없기 때문입니다. 따라서 마키아벨리는 자신이 하고 싶은 이야기를 최종 정리한 결론 부에서 서문을 정리합니다.

이것은 '결론형 서문'이라는
위대한 글쓰기의 전범입니다.

마키아벨리의 『군주론』은 매우 독특한 글쓰기 전략입니다. 바로 서문 때문입니다. 서문은 앞에 나와야 합니다. 이 책은 군주 한 사람을 위한 것인데, 군주는 책을 잘 읽지 않습니다. 무소불위의 권력을 가졌으며, 온갖 진미와 향락과 쾌락을 누리는 사람이 왜 책을 읽겠습니까? 군주들이 책을 많이 읽었다는 소리는 거의 들을 수 없습니다. 그렇기 때문에 마키아벨리는 체계적이며 복잡한 암호 같은 서문을 쓰지 않고, 형식 파괴의 전략으로 24장에 서문을 집필합니다.

세종대왕은 마치 외계인 같습니다.

그 당시에 세종대왕은 당뇨병에 걸렸습니다. 그는 육식을 무척 좋아했습니다. 조선 왕조에 그렇게 큰 등치를 가진 왕도 없습니다. 게다가 집현전의 도움을 거의 받지 않고 한글을 창제했습니다. 아들과 딸 한 명의 도움을 받았다고 합니다.

글을 창조할 수 있는 사람이 누가 있겠습니까? 그러니까 외계인이라고 빗대어 말해도 재미있는 비유가 될 것입니다. 게다가 세종대왕은 책 읽기, 글을 좋아했습니다.

책을 많이 읽는다고 반드시 좋은 군주는 아닙니다. 군주는 사실 책과 거리가 멉니다. 서문 같은 거 추장스럽고 체계적인 글을 써도 읽지 않을 것이 뻔하기 때문에, 마키아벨리는 헌정사 같은 자극적인 이야기로 시작합니다.

영화도 처음 5분이 중요합니다.

5분 안에 재미와 흥미를 느끼지 못하면, 그 영화는 실패작입니다. 처음 5분 안에 승부를 걸어야 합니다. 그 5분 안에 등장인물도 흐름도, 스토리도 모든 걸 보여주어야 합니다. 그러면서도 관객의 눈길을 잡아야 합니다. 어떻게 하면 5분 안에 모든 걸 집어넣을 수가 있을까? 이것에 성공해야 영화가 흥행에서 성공합니다.

결론형 서문

마키아벨리는 23장까지 이야기하면서
하고 싶은 이야기를 다했습니다.

마키아벨리는 서문을 넣을 수 없었기 때문에 4
부 첫장인 24장에서 훌륭한 법, 좋은 군대, 적당한
본보기를 넣습니다. 군주의 덕목을 한 권으로 썼지
만 사실은 세 가지입니다.

군주시여!
훌륭한 법에 대해서 잘 알았습니까?
아! 끄덕끄덕.
두 번째 좋은 군대에서 잘 알았습니까?
끄덕끄덕!
적당한 본보기 대단히 중요합니다.
꾸벅꾸벅. 쿨~쿨~.

군주시여! 이 비르투나의 세 덕목을 다 갖췄다
면, 이제 행운의 여신 포르투나입니다. 행운의 여
신이 도와주신다면, 메디치시여 당신은 무엇을 하

시겠습니까?

　사분오열되고 갈갈이 나뉘어진 이탈리아를 통일해야 합니다. 이탈리아를 통일하고 더 나아가서 당시 세계를 지배하기 시작했던 에스파냐의 페르디난도 2세, 프랑스의 루이 12세처럼 당신은 과거 로마의 후예답게 이탈리아 바깥 세계로 영토를 확장해주시기 바랍니다.

　결론 부의 마지막인 26장의 목적은
이탈리아의 통일입니다.

　근대 민족 국가를 어떻게 하면 달성할 수 있을까? 이것이 마키아벨리 『군주론』의 과제입니다. 그 당시 스페인과 프랑스가 마키아벨리에게 모범을 보여주었습니다.

　하지만 독일과 이탈리아는 약소국이었습니다.

사보이 공국

밀라노 공국

제노바 공화국

루카 공화국

만토바

베네치아 공화국

페라라 공국

모데나 공국

피렌체 공화국

시에나 공화국

교황령

제네바령 코르시카

에스파냐령 사르디니아

오스만 제국

아드리아 해

로마

나폴리 왕국

티 레 니 아 해

지 중 해

시실리 왕국

마키아벨리 당시의 이탈리아

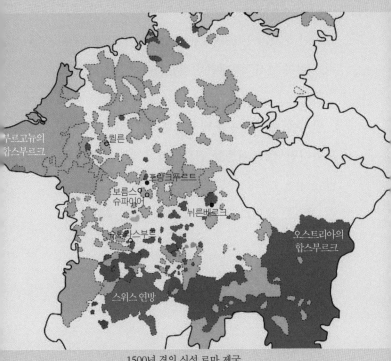

부르고뉴의
합스부르크

쾰른

프랑크푸르트
보름스
슈파이어
뉘른베르크

스트라스부르

스위스 연방

오스트리아의
합스부르크

1500년 경의 신성 로마 제국

독일은 그 당시 200여 개의 소규모 국가로 쪼개져 있고, 이탈리아도 그에 못지않게 소국들로 나뉘어졌습니다.

이런 문제가 1918년 1차대전까지 가고, 잘 해결되지 않아 다시 2차대전을 겪습니다.

만약에 이탈리아가 마키아벨리의 말대로 통일되었다면, 영토재분할 관련 1차대전은 발생하지 않습니다. 1차대전이 발생하지 않았다면, 1차대전의 책임을 모면하기 위한 2차대전도 발생하지 않았을 것입니다.

마키아벨리의 주장은 한 가지입니다.

이탈리아를 통일하자,
통일하려면 군주에게 세 가지가 필요하다.

첫 번째, 훌륭한 법. 훌륭한 법에 대해서 1장에서

11장까지 정리했습니다. 읽어보시면 이렇게 이야기합니다. "자, 군주국의 종류가 무엇이 있는지 살펴보겠습니다." 그다음에 10장에서 군주국의 종류에서 다 이야기한 다음에 '군주국의 국력은 무엇으로 측정되어야 하는가'라는 질문을 던지고, 뜻밖의 답을 말합니다. 그것은 군사력입니다.

그리고 갑자기 11장에서 교황국가를 이야기합니다. 11장은 논외로 치면, 훌륭한 법을 만들면 그 훌륭한 법의 결과가 뭐냐, 바로 좋은 군대라고 합니다.

훌륭한 법은 뭐냐? 2장에서 다 이야기했습니다. 어떻게? 자기가 권력을 가졌다고 부녀자를 겁탈하지 말고, 시민들의 돈을 빼앗지 말고, 시민들이 잘 먹고 잘살게 해주면 됩니다. 군주가 만들 수 있는 좋은 법은 시민들 잘 먹고 잘살게 해주고, 자기가 즐기고 싶으면 자기 재산으로 즐기면 됩니다.

따지고 보면 그렇게 어렵거나 고상한 이야기도

아닙니다. 성군은 누구일까요? 좋은 대통령은 누구일까요? 대답은 간단합니다. 백성, 인민, 시민들을 잘살게 해주는 것입니다. 잘 먹고 잘살게 해주는 대통령은 진보와 보수에 관계없이 최고로 좋은 대통령입니다.

보수 대통령은 나쁘고,
진보 대통령은 무조건 좋은가요?

사실 시민이 바라는 것은 대단히 명쾌합니다. 그냥 조금 잘 먹고 잘살게 해주면 큰 불만은 없습니다. 대통령이 재단을 만든 것이 문제가 아니라 경제 문제에서 성공하고 측근만 편애하지 않았다면, 탄핵당하지 않았을 것입니다. 시민의 정치의식은 그리 높지 않습니다. 마키아벨리는 그렇게 생각했습니다.

그냥 시민이 바라는 것은 잘 먹고 잘사는 것입니다. 현재 대통령이 대단히 많은 지지를 받지만, 만약 경제정책이 실패하면 "바꿔놔도 소용없네." 집

값 잡지 못한다고 생각해보세요. "그놈이 그놈이네." 이런 말이 나오게 마련입니다. 물론 인기도 떨어지고요.

좋은 대통령, 좋은 군주? 대단히 명쾌합니다. 잘먹고 잘살게 해주면 됩니다. 그리고 권력을 가졌다고 해서 자기 마음대로 편애하지 않으면 됩니다. 그게 1부의 내용입니다.

시민이 잘 먹고 잘살면 자기 나라를 지키려고 애쓴다는 점은 진리입니다.

마키아벨리가 활동하던 당시 에스파냐와 프랑스는 절대주의 국가가 어느 정도 완성되는 단계였어요. 절대군주가 귀족의 군사권을 다 뺏고 국가의 군대를 거느리고 행정체계도 정비하기 시작합니다.

마키아벨리는 시민들을 잘 먹고 잘살게 해서 이탈리아를 통일하고 용병으로 싸우는 것이 아니라 시민이 내는 세금으로 시민의 군대를 유지하기를 바랐습니다.

훌륭한 법의 최종 결과물로 좋은 군대가 나타납니다. 좋은 군사력을 갖춘 국가가 최고로 좋은 국가입니다.

마키아벨리는 겁 없는 사람입니다.

그는 하고 싶은 말을 다 합니다. 11장은 1부의 보론이 교황국가입니다. 마케아벨리는 대단히 무서운 사람입니다. 당시 이탈리아는 교황이 최고의 권력을 가졌다고 해도 과언이 아닙니다.

마키아벨리는 교황을 강타합니다. 마키아벨리는 이전의 교황국가가 문제가 안 된다고 보았습니다. 성직형 국가였기 때문에 세속에 참여하지 않았다고 보았기 때문입니다. 하지만 마키아벨리가 살던 시대를 보니까 교황이 자꾸 정치에 욕심을 내고 정치에 들어옵니다.

> "교황! 그럼 너 세속 군주잖아,
> 세속 군주니까 나의 평가를 받아야 해."

"교황! 네가 세속 정치에 나서 봤자 좋을 거 없으니까 교황은 '성하' 소리나 듣고 찌그러져 있으면 좋겠어." 다시 말하면 "성과 속은 분리되어야 하고 정치는 정치인에게 맡기고 세속의 일은 세속 사람들에게 맡기고 교황은 정치에서 물러나 있으면 좋겠어"라고 11장에서 씁니다. 바로 이 때문에 11장은 1부의 보론이 됩니다.

1부는 좋은 법을 이야기합니다.

1부를 요약하면 다음과 같습니다. 전체 구성이 1장에서부터 11장까지 여러 유형의 국가가 나오고, 10장에서 가장 좋은 국가는 훌륭한 군대를 거느릴 수 있는 군사력으로 측정된다고 결론을 내리고, 11

장에서 교황국가를 보론으로 다룹니다.

다시 말하면 성스러운 국가라 해도 세속에 욕심을 내면 세속적 잣대로 평가받아야 한다, 세속적 잣대로 평가받고 싶지 않다면, 교황은 세속의 일에 들어오지 마라는 것입니다.

현실 정치에서 교황을 슬쩍 밀어낸 겁니다. 당대에 이렇게 말할 수 있는 사람 있을까요? 마키아벨리는 정말 겁 없는 사람입니다.

2부는 훌륭한 군대를 이야기합니다.

마키아벨리는 2부의 첫 장인 12장에서, 1부의 1장에서 군주의 종류를 나누었듯이, 군대의 유형 다시 말하면 군대의 종류를 나눕니다. 용병과 원군 그다음 용병과 원군의 연합군과 그리고 가장 훌륭한 군대로 시민군을 이야기합니다. 그것이 14장까지 내용입니다.

마키아벨리는 이론가이지만,
민병대 모집 담당관의 업무를 수행하기도 합니다.

당시 스페인은 교황을 꼬셔서 지구의 절반을 그
어 자기 소유로 합니다. 그렇게 해서 남아메리카
대부분을 획득합니다. 지금 포르투칼어를 쓰는 브
라질을 제외한 남아메리카 대부분 국가가 에스파
냐어를 쓰기 시작한 것은 이 때문입니다.

마키아벨리 당시 이탈리아를 무척 괴롭힌 에스
파냐도, 프랑스도 모두 자국군을 보유했습니다. 이
탈리아는 아주 작은 국가들로 이루어졌습니다.
기껏해야 인구가 20만, 30만 정도이고, 가장 컸
던 국가가 우리가 잘 아는 베네치아입니다. 당시
영국의 인구가 300만 명이었다고 합니다. 이탈리
아의 국가들이 얼마나 작은지 알 수 있습니다.

베네치아를 비롯한 이탈리아의 작은 국가들이
에스파냐나 프랑스와 전쟁해봤자 질 수밖에 없습

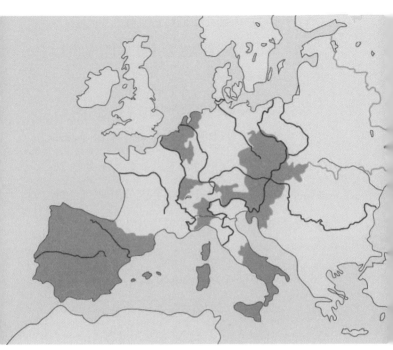

합스부르크가의 관할 영토(16세기 말)

니다. 이탈리아의 군소국가들은 프랑스와 에스파냐의 원군을 받아서 싸우거나 스위스 등에서 용병을 사서 싸웁니다.

자신이 소속한 국가의 이익을 최우선으로 여기는 원군과 돈에 살고 돈에 죽는 용병은 이탈리아의 군소국가를 위해 충성을 다하지 않습니다.

그렇기 때문에 이탈리아의 군소국가들은 전쟁에서 번번이 집니다. 심지어 남쪽은 에스파냐한테, 북쪽은 프랑스한테 영토까지 빼앗깁니다.

마케아벨리가 2부에서 피력한 정신은 단호합니다.
"민족주의적 감정을 바탕으로
이탈리아를 바꿔야 한다.
이탈리아가 통일되지 않으면
완전히 망할 것이다.
강력한 군사력을 바탕으로
이탈리아를 통일할 군주가 나와줬으면 좋겠다."

3부는 적절한 본보기를 이야기합니다.

14장까지 군대의 종류를 이야기한 뒤 15장에 가시면 대단히 혁명적인 이야기를 합니다. '인간은 어떻게 살아야 하는가, 어떻게 사는 것이 올바른가'가 아니라 '어떻게 사는 것이 좋은가'라는 질문을 던집니다.

다수의 필자들은 현실 속에서 결코 본 적도 없고 존재한 것으로 알려지지도 않았던 공화국과 군주국에 대한 환상을 품어왔습니다. 왜냐하면 '인간은 어떻게 살아야 하는가'와 '인간은 어떻게 사는 것이 옳은가'는 분명 차이가 있으며, '어떻게 행동하는 것이 옳은가'를 위해서 '어떻게 행동해야 하는가'를 포기한 자는 자신을 보존하기보다는 자신을 파멸로 몰고 가기 때문입니다. 즉, 어떤 조건이 닥치더라도 선량하게 행동하는 것을 자신의 임무로 여긴 자는 누구든지 다수의 선량하지 못한 자들 사이에서 반드시 파멸하기 때문입니다. (『군주론』, 503쪽)

마키아벨리는 모든 철학적, 윤리적, 도덕적 방법

140

론을 단박에 뒤집어버립니다.

마키아벨리는 '윤리적 환상'에 사로잡히지 말고, '가혹한 현실'을 보라고 말합니다.

마키아벨리는 15장에서 군주가 지켜야 할 덕목을 이야기합니다. 잔인한 것이 좋은가 나쁜가? 자애로운 것이 좋은가 나쁜가? 인색한 게 좋은가 나쁜가? 좋은 군주로 평가받은 게 좋은가 나쁜가?

마키아벨리는 우리의 상식을 전복합니다.
인색한 게 좋고, 잔인한 게 좋다고 말합니다.
단서 조건이 있습니다.
적당한 본보기를 보일 정도만입니다.

이런 식입니다. 자기가 군주가 되었는데, 자기를 제거하려는 정적이 있습니다. 정적을 어떻게 대하는 것이 좋을까요?

마키아벨리는 적당한 본때를 보여주라고 말합니다. 군주가 물러터지면 더 많은 모반이 일어나고 더 많은 사람이 고통과 죽음을 당하기 때문입니다. 그렇기 때문에 적당한 본보기를 보이라고 말합니다.

'적당한 본보기'는 15장부터 23장까지 내용 전체를 총괄하는 주제입니다. 군주는 어떻게 해야 하는가?

전면전을 하지 말고 때에 따라 적당한 본보기만 보이라고 합니다. 대들 것 같은 자만 딱 찍어서 본보기를 보여야지 시민 절대 다수를 상대로 싸우면 안 됩니다. 군주가 시민 절대 다수를 상대로 싸우면 반드시 망하기 때문입니다.

시민들이 들고 일어나면 혁명이 발생합니다.
지배층이 불안해하면 쿠데타가 일어납니다.
전 시민을 상대로 전쟁을 일으킨 정권은
반드시 권력을 상실합니다.

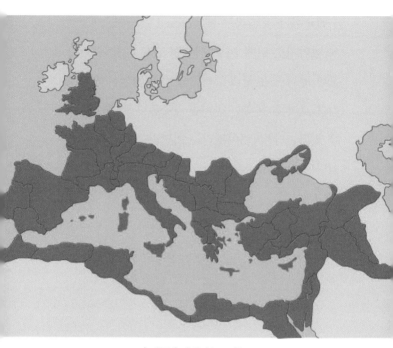

로마 제국의 점령지(117년)

적당한 본보기라는 제목으로 15장부터 23장까지 이야기한 뒤에 24장, 서문형 결론을 씁니다. 훌륭한 법과 좋은 군대 그리고 군주가 적당하게 본보기를 보여줄 수 있는 능력을 갖추었다고 한다면 어떻게 되는가? 마키아벨리는 이탈리아를 통일할 수 있다고 합니다.

마키아벨리는 이탈리아 사람입니다. 이탈리아의 고대로 거슬러 올라가면 로마입니다. 『군주론』은 이탈리아가 로마 같은 강한 나라가 될 수 있다는 강한 신념을 드러내는 글입니다.

현대에 와서 어떻게 해석해야 할까요? 바로 우리에게 시사하는 바입니다. 군주는 훌륭한 법을 갖추어야 하고 좋은 군대가 있어야 하고, 적당한 본보기를 통해서 리더십을 발휘해야 합니다. 그다음에 어떻게 해야 할까요?

우리 시대 우리에게 주어진 질문입니다.

좋은 법과

훌륭한 군대 중

어느 것이 중요한가?

좋은 군대가 좋은 법보다, 훌륭한 법보다 낫다는 것에 대한 질문에 답하려는 목적에서 이 책은 시작되었습니다. 그 답을 찾아보겠습니다.

훌륭한 군대가 만들어지기 위한 전제조건이 뭘까요?

좋은 군대가 있으려면 훌륭한 법이 있어야 합니다.

훌륭한 법이 없으면, 시민이 잘 먹고 잘살 수 없으면, 그 국가를 지키려고 하는 애국적인 시민은 존재하지 않습니다. 예를 들면 우리나라가 극심하게 부패했다면, 이 나라를 지킬 사람이 얼마나 될까요?

별들이 군대를 부패시키고, 사법부가 균형을 잃고, 기득권층이 자기만의 이익을 취하고, 정치가 타락한다면, 누가 이 나라를 지키려 할까요? 우리는 지금 이 질문을 진지하게 던져야 합니다.

앞에서 말한 군대, 사법부, 기득권층, 정치 등이 타락하지 않아서 다 잘 먹고 잘산다면, 외국에 나가서 사는 것보다 여기가 훨씬 낫다면, '헬조선'이라는 말을 청년들이 쓰지 않는다면 어떨까요?

훌륭한 군대는 군기나 규율이 아니라
훌륭한 법이 있고 그 법이 잘 작동해야 가능합니다.

좋은 법의 내용은 무엇일까요? 이것은 좌우 문제도, 진보와 보수의 문제도 아닙니다. 이 질문에 대한 대답은 처한 입장에 따라 다를 수 있습니다.

자기가 보수라고 한다면 보수답게 해석해서 그렇게 끌고 가면 되고, 자기가 진보라면 진보로 해석해서 끌고 가면 됩니다.

사실 진보와 보수는 계속해서 적당히 싸우고 화해하면서 끌고 가는 것이 맞습니다. 극단적 대립은 시민만 피곤하게 합니다.

이 책의 부제는 '시민을 위한 정치를 말하다'입니다.

왜 국민도 아니고 인민도 아니고 하필이면 시민이냐? 국민의 개념을 쓰든 인민의 개념을 쓰든 사실 맞을 수 있습니다.

인민도 사전적 정의는 한 사회나 국가를 구성하는 모든 사람을 뜻합니다. 국민도 한 국가를 구성하는 모든 구성원입니다.

국민이라고 했을 때 버려야 될 태도가 있습니다. 이 말에는 너무 적대주의적인 뜻이 담겨 있습니다. 해리포터 책의 주제를 살펴보시기 바랍니다. 순혈주의자를 자처하고, 주류층이라고 자처하는 자들은 실수할 가능성이 큽니다. 우리 외의 사람들을 동질의 바깥으로 밀어버리면, 그 나머지에 대해서는 배타적일 가능성이 대단히 큽니다.

저는 국민이라는 말을 매우 싫어합니다.
시민이라는 말이 좋습니다.

왜 인민이 아니냐. 우리나라 헌정사나 정치사에서 인민을 쓰려는 시도가 있었습니다. 여운형의 이런 시도가 실패합니다. 정책 실험에도 실패했습니다.

북한에서는 인민민주주의 개념을 씁니다. 북한 식의 인민민주주의 개념에는 한 번도 착취해보지 않았다는 식의 순혈주의적 개념이 담겨 있습니다. 순혈주의적 인민 개념은 국민과 마찬가지로 배제를 정당화합니다.

동질주의적 개념도 순혈주의적 개념도 배제해야 합니다.

한 사회나 국가를 구성하는 것은 여러 계급, 다양한 계층, 여러 민족과 인종, 서로 다른 생각과 다양한 성입니다. 그 사람들을 전부 포용할 수 있는 적절한 명칭은 지금 시대에는 시민이 맞는 것 같습니다.

인민을 위한 정치를 말해도 좋고, 국민을 위한 정치도 말해도 좋습니다. 백성을 위한 정치를 말해도 좋습니다.

지금 우리가 적당하게 타협할 수 있고 진보와 보수 양자를 다 아우르고 미래지향적인 것을 이야기 하려면, 시민이라는 개념이 맞다고 생각합니다.

강의의 결론입니다.

좋은 강의와 좋은 글은 수미일관성을 지녀야 합니다. 이 강의는 떨림에서 시작했으므로 긴장 해소로 끝나야 좋은 강의입니다. 우리는 떨림을 해소해야 합니다.

활시위에서 화살이 날라 가면 긴장은 해소됩니다. 너무 힘껏 당겨 활시위가 부러져도 긴장은 해소됩니다. 팽팽히 잡아당긴 고무줄의 양쪽 중 한 손을 놓아도 떨림은 해소됩니다.

떨림의 해소는 이 책이 한 사람을 위한 책이라는 점에서 출발합니다.

말씀드렸던 것처럼 이 책은 헌정 받는 메디치 한 군주를 위한 책입니다. 이 책을 헌정 받고 싶은 분들은 사시거나, 도서관에서 빌려서 읽으십시오. 책을 읽는 순간 자신이 군주라고 생각하십시오. 내가 지금 이 책을 읽는 순간 이 책은 나 혼자를 위한 책입니다.

각주에 달린 내용을 보면 이해할 수 없는 역사적 내용이나 철학적 바탕을 깔아놨습니다. 해설은 제 이야기이고, 그것을 바탕으로 마치 군주가 된 것처럼 혼자 음미하시기 바랍니다.

하지만 혼자 읽는 게 혼자 읽는 것인가라는 질문을 던져보시기 바랍니다.

『군주론』은 출판된 지 오래되었고, 수많은 사람

이 읽어왔고 지금도 읽고 있습니다. 혼자만을 위한 책이고 혼자 읽지만, 적어도 읽는 사람들과는 대중적인 감정을, 공통적인 감정을 만들어낼 수 있습니다. 그 공통적인 감정이 바로 마케아벨리가 하고 싶었던 이야기입니다.

좋은 선물을 주고받아라. 좋은 정치 지도자가 나오면 정책적인, 정치적 지지를 해주고 나쁜 지도자가 나오면 제거하라. 선물을 끊임없이 주고받는 훈련을 하라.

만약 이것을 느끼셨다면 마키아벨리 의도는 달성된 것입니다. 군주 한 개인을 위해서 헌정했지만, 읽고 계신 분들 다수가 그런 정치적 사명감을 갖고 살아간다면 말입니다.

실제로 여기에 계신 분들이나 이 책을 읽는 분들은 어딘가에서 리더입니다.

리더답게 행동하시면 됩니다. 정치적 리더이건

기업의 리더이건 학교 선생님이시건 어디에서든지 뇌물이 아닌 반드시 작은 선물을 상호성과 호혜성 그리고 평등성을 바탕으로 끊임없는 주고받으면 됩니다.

선물 주고받기는 긴장 해소를 위한 매우 좋은 훈련입니다.

선물을 주고받는 순간 나와 타인의 미묘한 긴장은 해소됩니다. 정치인과 우리 시민의 관계도 마찬가지입니다. 만약 그렇게 된다면 마키아벨리는 지하에서도 웃을 것입니다.